HILFE, ICH HABE EINE KÜCHE!

CHRISTA THIM

KOCHEN-GANZ EINFACH

HILFE, ICH HABE EINE KÜCHE!

CHRISTA THIM

KOCHEN – GANZ EINFACH

FALKEN

Autorin und Verlag danken den Firmen Alfa Metalcraft Corporation (AMC) und BESTFOODS Markenartikel GmbH für die freundliche Unterstützung.

ISBN 3 8068-2376-6

Umschlaggestaltung: Peter Udo Pinzer
Layout: Petra Minn, Mainz
Redaktion: Barbara Fleig
Herstellung: Andreas Jacobsen
Umschlagfotos: TLC-Foto-Studio, Velen-Ramsdorf

Fotos von **AMC** mit Ausnahme von
aid: S. 9; **Dextro Energen:** S. 39; **FALKEN Archiv:** S. 15 (Feiler), 18 (Brauner), 38 (Brauner)
Hellmann's: S. 33, 85; **Knorr:** S. 19, 29, 35 r., 41, 43 o., 59, 75 u., 77 u., 79, 83; **Mondamin:** S. 39, 63, 65, 67 o., 89; **Pfanni:** S. 23; **TLC-Foto-Studio GmbH:** S. 1, 10, 12, 21 r., 27, 30, 32, 48, 51, 57, 73, 71

Produktion und Satz: VerlagsService Dr. Helmut Neuberger & Karl Schaumann GmbH, Heimstetten
Druck: Appl, Wemding

817 2635 4453 6271

Inhalt

A*benteuer*

„Was esse ich heute Abend bloß?", „Was bietet der Kühlschrank?", „Wieder keine Zeit zum Einkaufen?", „Wie bekomme ich in 30 Minuten etwas Gutes auf den Tisch?", „Wo gibt es Rezepte, die auch einem ungeübten Koch gut und zuverlässig gelingen?" – Kommt Ihnen das alles auch bekannt vor?

Sind für Sie Küche und Kochen ein Abenteuer mit unbestimmtem Ausgang? Dann sollten Sie sich intensiv mit diesem Buch beschäftigen.

Gehen Sie auf Entdeckungsreise nach neuen Gerichten, die Ihren Speiseplan abwechslungsreicher und genussvoller gestalten. Wir garantieren Ihnen Spaß, Genuss und gutes Gelingen.

Um die hier vorgestellten Rezepte nachzukochen, muss niemand ein Küchenprofi sein. Das Buch erklärt Schritt für Schritt die Zubereitung. Anhand von Fotos lässt sich auch Neues mühelos nachvollziehen. Die Gerichte sind unkompliziert und einfach umzusetzen – auch mit geringer Küchenausstattung und wenig Erfahrung.

Viele Gerichte stehen schon nach einer halben Stunde fix und fertig auf dem Tisch. Variationen zu den verschiedensten Rezepten lassen in der Küche weder Langeweile beim Kochen noch Eintönigkeit bei der Zusammenstellung der Mahlzeiten aufkommen.

Je nach Zeit, Lust und Laune können Sie Ihre Lieblingsgerichte aus drei Kapiteln auswählen:

- **Auf die Schnelle**
  Innerhalb von 30 Minuten sind diese Gerichte gekocht.
- **Specials – mit Liebe gekocht**
  Ausgefallene Mahlzeiten stehen in längstens 45 Minuten auf dem Tisch.
- **Kochen mit Freunden**
  Gemeinsam mit Freunden Neues ausprobieren und zusammen schnipseln, rühren oder brutzeln – das macht richtig Spaß. Die Rezepte sind ideal, um die Arbeit untereinander aufzuteilen.

Küche

Wegweiser durch dieses Buch

- Zur besseren Übersicht haben die einzelnen Kapitel unterschiedliche Farben. So kann das passende Gericht für jede Situation schnell gefunden werden.
- Besonders praktisch ist die Zeitleiste am rechten Bildrand: Sie gibt Aufschluss über die Dauer der Zubereitung des Grundrezepts.
- Beim Gemüse bezieht sich die angegebene Menge in Gramm auf die geputzte Ware.
- Geputztes und gewaschenes Gemüse wird in den Rezepten als „vorbereitetes Gemüse" bezeichnet.
- Zusätzlich verfügt das Buch über ein umfangreiches Stichwortregister. So wird das Suchen nach Tipps für die Zubereitung, Infos über einzelne Lebensmittel oder allgemein zum Thema Essen ganz einfach.

Küchentipp

Bei den Rezepten wurde möglichst auf den Zusatz von Bratfett und Kochwasser verzichtet. Falls Ihr Kochgeschirr nicht für diese Art der Zubereitung geeignet ist, verwenden Sie zusätzlich 1 bis 2 Teelöffel Fett zum Braten bzw. $^1/_2$ bis 1 Tasse Flüssigkeit zum Dünsten und Schmoren.

Vorrat

Hunger! Rettung aus Kühlschrank und Co.

Dank Vorratshaltung in Kühlschrank und Gefrierfach ist der tägliche Einkauf heute nicht mehr nötig. Das Angebot an Lebensmitteln und die Einkaufsmöglichkeiten sind vielseitig. Auch am Sonntag ist es – zumindest in Ballungsgebieten – meist kein Problem, frische Brötchen auf den Tisch zu bringen. Und wenn Ihnen etwas für die spontane Party am Samstagabend fehlt, können Sie es noch schnell an der Tankstelle besorgen.
Trotzdem sollten Sie immer einen Grundvorrat an Lebensmitteln in der Küche haben. Wer hat schon Lust, wegen jeder Kleinigkeit zum Supermarkt zu gehen oder immer das Gleiche zu essen? Und was ist, wenn überraschend Freunde vorbeikommen?
Wenn Sie aber nur für sich oder zwei Personen kochen, benötigen Sie von allen Zutaten nur recht kleine Mengen. Die wichtigsten Lagermöglichkeiten in einem kleinen Haushalt sind der Vorratsschrank, der Kühlschrank und das Tiefkühlfach im Kühlschrank.

So geht nichts schief – Checkliste für den Einkauf

- Speiseplan aufstellen. Überlegen Sie, was Sie in den nächsten Tagen essen möchten und was Sie an Zutaten dazu benötigen.
- Einkaufszettel schreiben. Einkauf erst gut planen, dann starten.
- Die richtige Packungsgröße wählen. Was nutzt die preiswertere Großpackung, wenn die Hälfte weggeworfen werden muss?
- Auf Frische achten. Das gilt besonders bei Obst und Gemüse.
- Haltbarkeit beachten beim Kauf, aber auch im Vorratsschrank.
- Unnötigen Verpackungsmüll vermeiden. Viele Verpackungen kann man im Supermarkt zurücklassen.

Praxistipp

Auf Mindesthaltbarkeit und Verfallsdatum achten:
Das Mindesthaltbarkeitsdatum ist das Datum, bis zu dem das Produkt – unter richtiger Aufbewahrung – seine typischen Eigenschaften wie Geschmack, Geruch und Aussehen behält. Das Verfallsdatum gibt den spätesten Zeitpunkt an, bis zu dem es verbraucht werden sollte. Danach das Lebensmittel nicht mehr verwenden.

für alle **F***älle*

Vorratshaltung ja – aber wie?

Was brauchen Sie also wirklich? Und welche Regeln müssen beachtet werden, damit es keine „bösen“ Überraschungen gibt?

Küchenschrank
Im Vorrats- oder Küchenschrank lassen sich Trockenvorräte und Konserven gut lagern. Eine Übersicht über die Grundausstattung, die man stets im Haus haben sollte, zeigt der Kasten auf der folgenden Seite. Die Vorräte sollten im Schrank trocken, dunkel und gut verschlossen untergebracht sein. Dies ist besonders wichtig bei Öl und Gewürzen. Angebrochene Vorräte füllen Sie am besten in fest verschließbare Behälter. So sind sie optimal vor dem Befall von unliebsamen Tierchen – Motten, Silberfischen und Co. – geschützt.

- 1 P. Teigwaren (250 g)
- 1 P. Reis (250 g)
- Kartoffelpüree, -klöße, z.B. von Pfanni
- 1 P. Mehl (500 g)
- 1 P. Haferflocken oder Müsli (500 g)
- Trockensuppen, z. B. von Knorr
- Trockenfertiggerichte, z.B. Rizi Bizi
- 1 kg Kartoffeln
- 1 kl. Dose Mais
- 1 kl. Dose Gemüse (Erbsen, Möhren, Champignons)
- 1 Dose Thunfisch
- Tomato al Gusto
- 1 kl. Dose Obst (Pfirsiche, Kirschen)
- Teigmischungen, z.B. von Mondamin
- 1 P. Nüsse (250 g)
- 1 P. Zucker (500 g)
- 1 P. Jodsalz (250 g)
- 1 P. Tee (25 g)
- 1 P. Kaffee (500 g)
- 1 Glas Instantbrühe
- 1 Flasche Essig
- 1 Flasche Öl, z.B. Mazola Keimöl
- Kräuterlinge
- Gewürze und Kräuter (Basilikum, Curry, Majoran, Muskat, Oregano, Paprika, Pfeffer, Thymian und Zimt, Mischung aus getrockneten Salatkräutern)
- evtl. Puddingpulver, Kakao, Soßenbinder

- Brot in einem Brotkasten lagern. Dann bleibt es länger frisch.
- Der beste Platz für den Kartoffelvorrat ist der Keller. Ansonsten können Kartoffeln maximal 4 Wochen im Küchenschrank gelagert werden.
- Gewürze nur in kleinen Packungen kaufen. Bei längerer Lagerung verlieren sie ihr Aroma.

Kühlschrank

Im Kühlschrank sollten Temperaturen zwischen 0 bis maximal 8 °C herrschen. Hier können empfindliche Lebensmittel bis zu einer Woche gelagert werden, z.B.:

- 1 kg Gemüse wie Gurken, Tomaten, Möhren, Paprikaschoten.
- 1 kg Obst – Äpfel, Birnen, Pfirsiche, Beeren.
- Verdorbenes Obst und Gemüse muss sofort aussortiert werden.

- 1 l Milch, Milchprodukte wie Jogurt, Quark oder Käse, Eier, Butter bzw. Margarine sowie Fleisch-, Fisch- und Wurstwaren.
- Angebrochene Gläser und Tuben, wie Ketchup, Senf oder selbst gemachte Marmelade, haben im Kühlschrank ebenfalls ihren Platz.
- Sinnvoll ist es, Obst und Käse eine halbe Stunde vor dem Verzehr aus dem Kühlschrank zu nehmen. So kann sich das Aroma besser entfalten.

All diese Produkte sind besonders anfällig für Schimmelpilze oder Bakterien. Durch die niedrigen Temperaturen kann ein möglicher Verderb verzögert werden.
Im Kühlschrank aufbewahrte Lebensmittel müssen gut verpackt werden, um sie vor Austrocknung, Geruchs- und Geschmacksübertragung zu schützen.
Wichtig ist, dass Sie den Kühlschrank regelmäßig mit warmem Wasser und etwas Essig auswischen und anschließend gut trocknen.

Gefriergerät

Selbst das kleinste Gefrierfach ergänzt den Vorrat längerfristig um wertvolle Lebensmittel für den Notfall: „Was koche ich jetzt?" Ideal ist es, wenn hier 2 Packungen tiefgekühltes Gemüse, 1 Packung Obst, 1 Packung Fisch, 1 Brot, 1 Packung Blätterteigplatten und ein kleines Päckchen Küchenkräuter untergebracht werden können.

Was haben Bausteine im Tiefkühlfach verloren?

So richtig interessant wird das Einfrieren durch eine tolle Idee: Sie legen sich einen Vorrat aus möglichst vielen Menübestandteilen, sog. „Bausteinen" an. Kleinere Portionen aus

Praxistipp

Leider haben nicht alle Gefrierfächer die gleiche Leistung. Einstern-Gefriergeräte erreichen Temperaturen von mindestens - 6 °C. Bei Zwei- oder Dreisterne-Gefriergeräten liegen die Temperaturen bei -12 bzw. -18 °C. Anhand der Sterne am Gefrierfach kann deshalb auch die Dauer der Lagerung bestimmt werden. Diese Tabelle gibt hierüber Auskunft.

Sterne	Lagerdauer
*	1–3 Tage
**	14 Tage
***	3 Monate

Praxistipp

Die maximale Lagerzeit in einem Dreisterne-Gefrierfach beträgt für:

- Gemüse 9–12 Monate
- Obst 9–12 Monate
- Fleisch 5–12 Monate

Fisch, Fleisch, gekochten Nudeln, Gemüse oder Reis werden eingefroren und je nach Bedarf miteinander oder mit frischen Zutaten kombiniert. So erhalten Sie mühelos eine Vielfalt leckerer Gerichte. Ihrer Kreativität sind hierbei keinerlei Grenzen gesetzt.

Eiskalt geplant

Hier sind einige Hinweise, die Sie beim Einfrieren beachten sollten:

- Nur frische oder frisch zubereitete Lebensmittel kann man einfrieren.
- Magere Lebensmittel sind generell länger lagerfähig als fettreiche.
- Gefriergut mit Inhaltsangabe und Abpack-Datum beschriften.
- Behälter mit Gefriergut ohne Flüssigkeit (z. B. Gemüse) voll füllen, Behälter mit Flüssigkeit wie Suppen nur etwa 2 cm unter den Rand einfüllen, da sich Wasser beim Einfrieren ausdehnt.
- Gemüse nicht auftauen, sondern tiefgefroren weiterverarbeiten.

Auftauen von Fisch, Fleisch oder Geflügel:

- Gefriergut aus der Verpackung nehmen.
- Zum Auftauen in ein Gefäß mit Siebeinsatz legen. Das Gefriergut darf nicht im Auftauwasser liegen, da sich hier Keime schnell vermehren.
- Auftauwasser unbedingt wegschütten und den Arbeitsplatz gründlich reinigen.
- Kleine Fisch- und Fleischportionen kurz antauen, dann erst weiterverarbeiten.

Lagerzeiten nicht überschreiten

Die Temperatur im Gefrierfach muß unter -18 °C liegen. Dann können Lebensmittel 3 Monate und länger gelagert werden.

Wie soll eine gesunde Ernährung aussehen? Hier das Wichtigste in Kürze:

- Vielseitig – aber nicht zu viel.
  Je vielfältiger und ausgewogener die Mahlzeiten innerhalb einer Woche zusammengestellt sind, desto mehr Vitamine und Mineralstoffe bekommt der Körper. Bei der richtigen Planung hilft dieses Buch.
- Reichlich Getreideprodukte, Gemüse und Obst.
  Getreideprodukte – besonders Brot, Müsli, Nudeln usw. aus Vollkorn – machen lange satt. Außerdem sind sie ebenso wie Obst und Gemüse reich an Vitaminen und Mineralstoffen.
- Wenig Fett und fettreiche Lebensmittel beim Einkauf, bei der Rezeptauswahl und bei der Zubereitung.
  Im Buch werden diese Empfehlungen überall berücksichtigt. Wenn Fette bei der Zubereitung benötigt werden, dann hochwertige, pflanzliche Öle verwenden, z. B. Maiskeimöl oder Olivenöl extra virgen.
- Weniger tierisches Eiweiß.
  Auf die richtige Portionsgröße achten. Pflanzliches Eiweiß ist so wichtig wie tierisches. Tierische Lebensmittel liefern aber meist zusätzlich viel Fett und Cholesterin. Daher sind Portionen von 150 g Fleisch – wie sie im Folgenden vorgeschlagen werden – 2 bis 3mal pro Woche ausreichend.
- Schmackhaft und nährstoffschonend kochen.
  Durch den Verzicht auf Kochwasser bleiben empfindliche Vitamine und Nährstoffe weitgehend erhalten. Kurze Garzeiten sind ebenso wichtig.

Praxistipp

Sparsam umgehen mit Fett bei der Zubereitung von Speisen.

1 EL = Esslöffel enthält	Fett (g)
• Butter	9
• Crème fraîche	6
• Margarine	9
• Öl	12
• Jogurt, 3,5 %	0,6
• Quark, 40 % Fett i.T.	8
• Quark, 10 % Fett i.T.	2
• Mayonnaise, 80 % Fett	17
• Saure Sahne	2
• Schlagsahne	6

Praxistipp

Das Einhalten vorgegebener Flüssigkeitsmengen ist für das Gelingen der Rezepte sehr wichtig. Hier die gebräuchlichsten Maßeinheiten:

1000 ml / ccm	1 l	1000 g
750 ml / ccm	3/4 l	750 g
500 ml / ccm	1/2 l	500 g
375 ml /ccm	3/8 l	375 g
250 ml / ccm	1/4 l	250 g
125 ml / ccm	1/8 l	125 g

100 ml	1 kleine Tasse
150 ml	1 Tasse (bis zum Rand)
250 ml	1 Teller
20 ml	1 Schnapsglas
200 ml	1 Wasserglas
125 ml	8 Esslöffel

Abkürzungen

EL	Esslöffel
TL	Teelöffel
Msp.	Messerspitze
Bd.	Bund
l	Liter
ml	Milliliter
kcal	Kilokalorien
TK	Tiefkühl

Bringen Sie

Praxistipp

Ausstattung fürs Kochen
(1- bis 2-Personen-Haushalt)

Töpfe:
- Topf 16 cm ø, 1,3 l
- Topf 20 cm ø, 2,3 l
- Topf 20 o. 24 cm ø, ca. 3 l
- Pfanne, 20 oder 24 cm ø
- Schnellkochtopf o. Schnellgardeckel, passend zu den Töpfen

Messer:
- großes Kochmesser
- Universalmesser
- Schälmesser
- eventuell Brotmesser

Sonstiges:
- 1 großes Arbeitsbrett
- 2 kleine Brettchen
- 2 bis 3 Schüsseln
- Abtropfsieb, z.B. aus Edelstahl
- Handrührgerät mit Zubehör, z.B. Pürierstab
- Salatschüssel mit Besteck
- Auflaufform
- Vielzweckreibe
- Messbecher
- 2 Kochlöffel
- Sparschäler
- Schneebesen
- Pfannenwender
- eventuell Fleischgabel
- Schöpfkelle
- Dosenöffner
- Küchenschere
- Knoblauchpresse
- Topflappen
- 2 Topfuntersetzer
- Frischhaltedosen
- Vorratsbehälter
- Kaffeemaschine oder Kaffeefilter

Grundausstattung für den kleinen Haushalt

Ist Ihr Haushalt noch nicht komplett? Richten Sie gerade Ihre Küche ein? Dann gibt es Utensilien und Geräte, die bei der Ausstattung nicht fehlen sollten. Achten Sie beim Kauf unbedingt auf Qualität. Das zahlt sich langfristig aus.
Was tun, wenn die Haushaltskasse gerade knapp ist? Es finden sich bestimmt ein paar nette Menschen, die Ihnen gerne das eine oder andere schenken – zum Geburtstag, zu Weihnachten, zur Einweihung Ihrer neuen Wohnung – oder einfach so.
Sie werden danach schnell merken: Kochen mit dem richtigen Handwerkszeug macht Spaß und gelingt besser. Auch bei Großgeräten wie Kühlschrank & Co. gibt es viele praktische Details, die das Arbeiten in der Küche erleichtern.
Stehen Sie häufiger vor dem Problem „Was soll ich essen, ich habe nichts mehr im Hause?“ Hier kann die Anschaffung eines Kühlschranks mit 3-Sterne-Gefrierfach oder eines kleinen Tiefkühlgeräts helfen.
Steht auch der Kauf eines Herdes an? Warum nicht gleich an später denken und sich für ein zukunftssicheres Modell mit 4 Kochstellen und Backofen entscheiden? Der Preis ärgert Sie nur einmal, eine schlechte Ausstattung viele Jahre.

Qualitätskriterien für die Topf- und Pfannenauswahl

- Besonders hygienisch und langlebig sind Kochtöpfe aus Edelstahl 18/10.
- Töpfe und Pfannen sollten eine möglichst fettarme Zubereitung ermöglichen. Ideal ist, wenn Sie völlig auf Bratfett verzichten können, wie z. B. bei AMC-Töpfen.
- Ein vitamin- und mineralstoffschonendes Garen sollte – ohne oder mit möglichst wenig Kochwasser – möglich sein.
- Optische und akustische Anzeigen auf dem Deckel (z. B. „visiotherm“ und „audiotherm“ von AMC) helfen, den Garprozess zu überwachen.

Ihre Küche auf Zack

- Ein dicker Topfboden sorgt für eine gleichmäßige Wärmeverteilung.
- Töpfe sollten vielfältig einsetzbar sein, z. B. fürs Braten und Dünsten gleichzeitig geeignet sein.
- Ein dicht schließender Deckel verhindert das Entweichen von Wasserdampf, Aroma und wichtigen Inhaltsstoffen.
- Die Anschaffung eines Schnellkochtopfs hilft, Zeit und Energie zu sparen. Besonders praktisch ist der Schnellgardeckel „AMC-secuquick". Er macht aus einem „normalen" AMC-Topf im Nu einen Schnellkochtopf.
- Sehr praktisch sind Zubehörteile wie Reiben, Schüsseln, Siebeinsätze, die mit den Töpfen kombiniert werden können.

Praxistipp

Ausstattung fürs Backen (1 bis 2-Personen-Haushalt):

- 1 bis 2 Backformen
- Küchenwaage
- Teigschaber
- Mehlsieb

Sehr variables Rezept

Für 2 Personen

Tagliatelle-

GRUNDREZEPT
Tagliatelle mit Putensauce
3 kleine Zucchini *(400 g)*
1 1/2 l Wasser
2 TL Keimöl
150 g schmale Bandnudeln (Tagliatelle)
Jodsalz
200 g Putenbrust
Pfeffer aus der Mühle
1 TL Thymian, *getrocknet*
300 ml kaltes Wasser
1 Beutel Raffinesse Zitronen-Butter-Sauce

REZEPTVARIATION
Tagliatelle mit Fischsauce
Grundrezept ohne Putenbrust plus:
300 g Fischfilet *(frisch oder TK)*
2 Frühlingszwiebeln *(ca. 50 g)*
2 EL gehackter Dill *(frisch oder TK)*

Küchentipp

Für Pasta-Liebhaber
Verwenden Sie zum Garen von Pasta einen Topf mit Pasta-Einsatz. Damit können Sie gegarte Teigwaren einfach aus dem Topf nehmen und abtropfen lassen:

Tagliatelle mit Putensauce

1 Zucchini waschen, Stengelansatz entfernen und evtl. vorhandene braune Stellen ausschneiden.

2 Zucchini mit dem Sparschäler der Länge nach in lange, dünne Scheiben schneiden.

3 Wasser mit 1 Teelöffel Öl aufkochen. Bandnudeln und 1 Teelöffel Salz zugeben. Im geöffneten Topf nach Packungsanweisung 8 bis 10 Minuten bissfest garen. 2 Minuten vor Ende der Garzeit Zucchini zugeben und blanchieren. Teigwaren in ein Küchensieb abgießen.

4 Inzwischen Fleisch in dünne Streifen schneiden, mit Pfeffer, Thymian und wenig Öl marinieren. In einer heißen Pfanne, die fettarmes Braten ermöglicht, bei mittlerer Hitze anbraten. Salzen. Fleisch an den Rand schieben, kaltes Wasser zugießen. Sauce einrühren. Mit dem Fleisch mischen. Unter Rühren aufkochen und 1 Minute garen.

5 Teigwaren untermischen. Sofort servieren.
(auf dem Foto)

Tagliatelle mit Fischsauce

1 Teigwaren wie im Grundrezept Schritt 1 bis 3 zubereiten.

2 Fisch in fingerdicke Scheiben, Zwiebeln in 1/2 cm dicke, schräge Streifen schneiden. Zwiebeln in einer heißen Pfanne kurz andünsten. Kaltes Wasser zugießen, Sauce einrühren, unter Rühren aufkochen. Fisch zugeben. Bei geringer Hitze zugedeckt 3 bis 4 Minuten garen. Dill unterrühren.

3 Teigwaren untermischen. Sofort servieren.

Küchentipp

Falls keine kleinen Zucchini vorhanden sind, das Gemüse in dünne Scheiben schneiden.

Küchentipp

Kräuter vorbereiten
Kleinblättrige Kräuter lassen sich gut vom Stengel abstreifen. Dafür den Blattstengel mit der linken Hand am oberen Ende festhalten. Blättchen mit der rechten Hand von oben nach unten abstreifen. Kräuter mit großen Blättern (z. B. Petersilie) vom Stengel abpflücken.

Variationen

ca. 20 Minuten Zubereitungszeit

Küchentipp

Zum **Garen von Teigwaren** in einem großen Topf pro 100 g Nudeln etwa 1 l Wasser mit etwas Öl aufkochen. Teigwaren und Salz zugeben. Umrühren, damit die Teigwaren nicht aneinander kleben. Nach Packungsanweisung bissfest garen. Kurz vor Ende der Garzeit eine Nudel herausnehmen und den Biss prüfen. Genießer lieben die Nudeln „al dente", d. h. noch mit etwas festem Biss. In ein Sieb gießen, abtropfen lassen und sofort mit der Sauce vermischen. Nicht mit kaltem Wasser abschrecken. Dabei wird die Nudeloberfläche glatt und verbindet sich nicht mehr gut mit der Sauce.

Küchentipp

Blanchieren
Gemüse wird kurz in sprudelnd kochendes Wasser getaucht, danach in eiskaltem Wasser abgekühlt. Das Gemüse behält auf diese Weise sein Aroma, seine Festigkeit und seine frische Farbe.
So sind Gemüse mit kurzer Garzeit verzehrfertig, hartes Gemüse wird geschmeidig und kann eingefroren oder weiterverarbeitet werden (z. B. für Rouladen).

Zum Mitnehmen

Für 2 Personen

Italienische

GRUNDREZEPT

Gemüsepfanne auf italienische Art

1 Fenchelknolle *(100 g)*
1 Aubergine *(200 g)*
1 kl. Zucchini *(100 g)*
1 TL Thymian, *getrocknet*
2 EL Olivenöl extra virgen
½ kl. Zwiebel, *fein gewürfelt*
1 EL Rotweinessig
1 EL gehackte Petersilie
Pfeffer, Jodsalz

REZEPTVARIATION

Gemüsepfanne mit Paprika

Grundrezept ohne Auberginen, Zucchini und Fenchel plus:
1–2 Zwiebeln *(100 g)*
je 1 kleine grüne, rote und gelbe Paprikaschote
(je 100 g)

Gemüsepfanne auf italienische Art

1 Gemüse putzen, waschen und mit Küchenpapier trockentupfen. Fenchel vorbereiten (1). Fenchel der Länge nach halbieren (2) und in Streifen schneiden (3). Aubergine und Zucchini in ½ cm dicke Scheiben schneiden.

2 Gemüse, Thymian und 1 Esslöffel Öl vermischen. Pfanne aufheizen. Gemüse in 2 Portionen teilen. Jede Portion bei mittlerer Hitze 3 bis 4 Minuten braten.

3 Zwiebelwürfel, Essig, 1 Esslöffel Öl und gehackte Petersilie vermischen. Pfeffern und salzen. Marinade unter das warme Gemüse mischen.
(auf dem großen Foto: oben)

Gemüsepfanne mit Paprika

1 Geschälte Zwiebeln in Streifen schneiden, vorbereitete Paprika der Länge nach achteln.

2 Weiterverarbeitung siehe Grundrezept. Gemüse in 2 Portionen verteilt jeweils 4 Minuten braten.
(auf dem großen Foto: unten)

Einkaufstipp

Glattblättrige Petersilie hat etwas größere Blätter als krause Petersilie und einen intensiven, würzigen, aromatischen Geschmack. Sie wird überwiegend auf Wochenmärkten, aber auch in Gemüsegeschäften angeboten. Glatte Petersilie verwendet man eher zum Würzen, krause zum Garnieren. Die Stiele kann man unzerkleinert in Brühen, Eintöpfen oder Gemüse mitgaren, sollte sie aber vor dem Servieren entfernen.

Frischer **Fenchel** ist an seiner zartweißen Knolle und dem hellen, frischen Fenchelgrün zu erkennen. Beim frischen Fenchel sind Knolle, Stiele und Kraut genießbar.

Verfeinern

Kräuterdip
200 g Jogurt mit einer in feine Ringe geschnittenen Lauchzwiebel und 3 Esslöffeln fein gehackten Küchenkräutern vermischen. Mit Pfeffer und etwas Salz würzen. Den Dip 2 bis 3 Stunden durchziehen lassen, noch besser am Tag vorher zubereiten. Evtl. zusätzlich mit einer zerdrückten Knoblauchzehe würzen.

Gemüsepfanne

1

2

3

ca. 25 Minuten Zubereitungszeit

Das passt dazu

- Folienkartoffeln mit Kräuterdip
- Polenta
- Crêpes
- Baguette

Küchentipp

Petersilienstengel unzerkleinert in Brühen, Eintöpfen oder Gemüse mitgaren. Die Gerichte bekommen auf diese Weise einen kräftigeren Geschmack, und die Stengel lassen sich nach dem Garen leicht entfernen.

Deftig

Für 2 Personen

Kartoffel-

GRUNDREZEPT
Gemüse-Kartoffel-Schmarrn

- **1 kleine Möhre** *(50 g)*
- **1 kleine Stange Lauch** *(100 g)*
- **1 Beutel Beste Kartoffelvielfalt Kartoffel-Schmarrn**
- **250 ml (1/4 l) Milch,** *3,5% Fett*
- **1 TL Majoran,** *getrocknet*
- **1 EL Keimöl**

REZEPTVARIATION
Zucchini-Kartoffel-Schmarrn

Grundrezept ohne Möhren und Lauch
plus:
- **2 kleine Zucchini** *(ca. 150 g)*

REZEPTVARIATION
Kartoffel-Kraut-Schmarrn

Grundrezept ohne Möhren, Lauch und Majoran
plus:
- **150 g Weißkraut**
- **1 TL Kümmelkörner**

Gemüse-Kartoffel-Schmarrn

1 Gemüse putzen und waschen. Möhren grob raspeln, Lauch in 1/2 cm breite Streifen schneiden.

2 Den Beutelinhalt „Kartoffel-Schmarrn" in die Milch einrühren, 2 Minuten quellen lassen. Möhren, Lauch und Majoran unter die Kartoffelmasse mischen.

3 Öl gleichmäßig in der Pfanne verteilen und bei mittlerer Hitze aufheizen. Den Kartoffelteig hineingeben, verstreichen und zugedeckt bei mittlerer Hitze etwa 4 Minuten garen. Den angebackenen Teig wie einen Pfannkuchen wenden. Ohne Deckel weitere 4 Minuten braten. Den Teig mit 2 Gabeln in Stücke reißen und in weiteren 2 Minuten fertig backen.

Zucchini-Kartoffel-Schmarrn

1 Zucchini waschen, den Stengelansatz und eventuell vorhandene braune Stellen abschneiden. Die Zucchini in dünne Scheiben hobeln.

2 Zur Weiterverarbeitung siehe Grundrezept Schritt 2 und 3. Zucchinischeiben unter die zubereitete Kartoffelmasse mischen.
(auf dem Foto)

Kartoffel-Kraut-Schmarrn

1 Das vorbereitete Weißkraut fein hobeln.

2 Zur Weiterverarbeitung siehe Grundrezept Schritt 2 und 3. Das Kraut und den Kümmel unter die zubereitete Kartoffelmasse mischen.

Küchentipp

Weißkraut vorbereiten
Welke oder fleckige Außenblätter entfernen. Kohlkopf kurz abbrausen. Mit einem großen, stabilen Messer auf einem rutschfesten Küchenbrett vierteln. Entweder Strunk entfernen und fein schneiden oder am Strunk festhalten und fein hobeln.

Das passt dazu

Knackiger Salat.

Küchentipp

Rutschfeste Schneidebretter
Ein feuchtes Küchentuch, unter das Schneidebrett gelegt, vermindert die Rutschgefahr ganz wesentlich. Es gibt auch rutschfeste Kunststoff-Schneidebretter.

Schmarrn mit Gemüse

ca. 20 Minuten Zubereitungszeit

Zum Mitnehmen

Für 4 Personen

Vielseitiges

GRUNDREZEPT
Fleischteig
- **1/2 Beutel Fix für Hackbraten** *(5 schwach geh. EL = 50 g)*
- **4 EL lauwarmes Wasser** *(60 ml)*
- **250 g Hackfleisch, gemischt**

REZEPTVARIATION
Hackfleischspießchen
- **1 Rezept Fleischteig**
- **1 kl. Möhre** *(ca. 50 g)*
- **1 TL Curry**
- **1 Prise Zimt**
- **1 EL Keimöl**
- **2 Stangen Staudensellerie**
- **4 TL Mango-Chutney**

REZEPTVARIATION
Hacksteaks
- **1 Rezept Fleischteig**
- **60 g Emmentaler, Gouda oder Schafskäse,** *am Stück*

REZEPTVARIATION
Hackfleischbällchen
- **1 Rezept Fleischteig**
- **1 EL Kapern**
- **2 EL gehacktes Basilikum,** *(frisch oder TK)*
- **1 EL Keimöl**
- **1 TL Paprika,** *edelsüß*

REZEPTVARIATION
Hackfleischröllchen
- **1 Knoblauchzehe**
- **1 Rezept Fleischteig**
- **1 EL Keimöl**

Küchentipp

Hackfleisch im Kühlschrank aufbewahren und innerhalb 24 Stunden verwenden. Gut durchbraten!

Hackfleischspießchen

1 Für den Fleischteig (Grundrezept) 1/2 Beutel Fix für Hackbraten abwiegen und in 4 Eßlöffel lauwarmes Wasser einrühren. Hackfleisch mit den Knethaken des Handrührgerätes unterrühren. Wichtig: den Beutel gut verschließen und trocken lagern. Inhalt innerhalb 1 Woche verbrauchen.

2 Möhre putzen und fein raspeln. Möhren, Curry und Zimt unter den Fleischteig mischen. Mit angefeuchteten Händen 24 gleich große Bällchen formen. Öl in einen Teller geben und die Bällchen darin wenden.

3 Eine zum fettarmen Braten geeignete Pfanne erhitzen. Die Bällchen darin bei mittlerer Hitze in 9 bis 10 Minuten rundherum goldgelb braten.

4 Inzwischen den Staudensellerie putzen, waschen und in 1 1/2 cm lange Stücke schneiden. Jeweils 3 Bällchen und 4 Selleriestücke abwechselnd auf 8 Holzspießchen stecken und mit Mango-Chutney servieren.

auf dem Foto 1

Hacksteaks

1 Fleischteig zu 8 gleich großen Hacksteaks formen, mit dem Handballen etwas flach drücken. Käse in 8 Stücke schneiden. Jeweils 1 Käsestück auf jedes Hacksteak geben, hineindrücken, Teig um den Käse verschließen.

2 Die Hacksteaks in einer aufgeheizten Pfanne bei mittlerer Hitze 20 Minuten braten.

auf dem Foto 2

Hackfleischbällchen

1 Den Fleischteig mit gehackten Kapern und Basilikum vermischen.

2 16 gleich große Bällchen formen. Öl in einem Teller mit Paprika oder Curry verrühren. Bällchen darin wenden und in einer aufgeheizten Pfanne bei mittlerer Hitze etwa 15 Minuten braten.

auf dem Foto 3

Hackfleischröllchen

1 Knoblauchzehe zerdrücken und unter den Fleischteig mischen. 20 gleich große Röllchen formen, mit Öl bestreichen, bei mittlerer Hitze 10 bis 15 Minuten braten.

auf dem Foto 4

Hackfleisch

1

2

3

4

Geht schnell
Für 2 Personen

GRUNDREZEPT
Zucchinirisotto
2 Zucchini *(300 g)*
450 ml kaltes Wasser
1 Beutel Rizi Bizi
Steinpilz Käse Reis
1 TL Thymian, *getrocknet*

REZEPTVARIATIONEN
Erbsenrisotto
Grundrezept ohne Zucchini und Thymian
plus:
300 g TK-Erbsen
1 TL Zitronensaft
2 EL gehacktes Basilikum
(frisch oder TK)

Gefüllte Tomaten
Grundrezept mit
400 ml Wasser
plus:
2 Fleischtomaten *(je 200 g)*
1 Msp. Fett für die Form
1 schwach geh. EL geriebener Käse

Küchentipp

Zucchini vorbereiten
Die Früchte können roh oder gegart verzehrt werden. Kleine Zucchini sind besonders zart. Zucchini waschen und den Stengelansatz abschneiden. Geschält werden sie nicht.

Zucchinirisotto

1 Zucchini waschen, Stielansatz und eventuell vorhandene braune Stellen abschneiden. Zucchini der Länge nach vierteln und in dünne Scheibchen schneiden.

2 Wasser abmessen und in einen Topf geben. Rizi Bizi und Thymian einrühren und aufkochen. Zucchinischeiben unter den Reis mischen und erneut aufkochen. Risotto im geöffneten Topf etwa 5 Minuten bei schwacher Hitze garen, dabei ab und zu umrühren.

Erbsenrisotto

1 Risotto nach dem Grundrezept, Schritt 2, zubereiten. Nach dem Aufkochen die gefrorenen Erbsen mit dem Rizi Bizi zugeben und mitgaren.

2 Risotto mit Zitronensaft und Basilikum abschmecken.

Gefüllte Tomaten

1 Backofen auf 220 °C (Gas: Stufe 4) vorheizen. Tomaten waschen und quer halbieren. Fruchtfleisch mit einem Teelöffel herausholen und klein schneiden.

2 Risotto nach dem Grundrezept mit 400 ml Wasser und dem Tomatenfleisch zubereiten.

3 Risotto in die Tomatenhälften füllen. Eine Auflaufform einfetten. Restlichen Risotto in der Form verteilen. Gefüllte Tomaten hineinsetzen, mit dem Käse bestreuen und im Ofen 8 bis 10 Minuten überbacken.
(auf dem Foto)

Variationen

Risotto anrichten z. B. mit
- gebratenen Pilzen
- gebratenen Hähnchenstreifen
- Shrimps
- gebratenen Bananenscheiben
- geriebenem Käse

mit **R***isotto*

ca. 25 Minuten Zubereitungszeit

Vielseitig

Für 2 Personen

Kartoffelpüree –

GRUNDREZEPT
Lauchpüree

2 Stangen Lauch *(300 g)*
Muskat
Pfeffer
Jodsalz
1 Beutel Kartoffel-Püree »Das Kräftige« *(3 Portionen)*
1 Tomate, *schnittfest (100 g)*
300 ml Wasser
200 ml Milch

REZEPTVARIATION
Püree mit Paprikaschaum

Grundrezept ohne Lauch plus:
je 1 kl. grüne und rote Paprikaschote *(je 100 g)*
1 Msp. Fett für die Form
1 Ei
1 Msp. Paprika, *edelsüß*
1 EL geriebener Käse

Küchentipp

Steifer Eischnee
Damit das Eiweiß beim Schlagen richtig steif wird, sollten alle verwendeten Geräte fettfrei und kalt sein. Verwenden Sie frische Eier. Besonders gut gelingt der Eischnee, wenn Sie Rührschüssel mit dem Eiweiß und den Quirlen des Handrührgerätes 15 Minuten vor dem Schlagen in den Kühlschrank stellen.

Lauchpüree

1 Den Lauch putzen und sorgfältig waschen, dann längs halbieren und in dünne Ringe schneiden. Die Lauchringe tropfnass in einen Topf geben. Mit Muskat, Pfeffer und Salz würzen. Gemüse zugedeckt bei mittlerer Hitze aufheizen und bei schwacher Hitze 8 bis 10 Minuten dünsten.

2 Kartoffelpüree mit Wasser und Milch nach Herstelleranweisung zubereiten. Tomate in kleine Würfel schneiden.

3 Lauch unter das Kartoffelpüree mischen. Mit Muskat, Pfeffer und Salz abschmecken und mit den Tomatenwürfeln bestreuen.
(auf dem Foto: oben)

Küchentipp

Cremiges Kartoffelpüree
Damit das Püree eine optimale Konsistenz bekommt, ist die Zubereitungsanweisung genau zu befolgen. Das bei der Herstellung der Kartoffel entzogene Wasser muss bei der Zubereitung wieder zugefügt werden. Wird statt dessen nur Milch verwendet, erhält man zähes, klebriges Püree.

Püree mit Paprikaschaum

1 Backofen auf 225 °C (Gas: Stufe 4) vorheizen. Flache Auflaufform (ø 22 cm) einfetten.

2 Vorbereitete Paprikaschoten in feine Streifen schneiden. Tropfnass in einen Topf geben. Zugedeckt aufheizen und bei schwacher Hitze etwa 8 Minuten dünsten.

3 Inzwischen Püree laut Herstelleranweisung zubereiten. Paprika untermischen. In die Auflaufform einfüllen.

4 Ei trennen. Eiweiß mit Paprikapulver und Salz würzen, mit den Quirlen des elektrischen Handrührgerätes steif schlagen. Eigelb und Käse mit dem Schneebesen unterziehen, auf dem Püree verteilen.

5 Im vorgeheizten Backofen 8 bis 10 Minuten überbacken, bis der Eischnee goldgelb ist.
(auf dem Foto: unten)

mehr als eine **B***eilage*

ca. 20 Minuten Zubereitungszeit

Verfeinern

Kartoffelpüree verfeinern mit:

- geriebenem Käse
- gehackten Kräutern
- 1 geh. TL Meerrettich
- Senf oder Kapern
- Gewürzgurken, gewürfelt
- Trüffel- oder Kräuterbutter

Püree anrichten mit:

- gerösteten Zwiebelringen
- gerösteten Nüssen, Sonnenblumen- oder Pinienkernen
- gerösteten Korianderkörnern
- gebratenen Pilzen
- gebratenen Riesengarnelen
- gewürfeltem Ei und Majoran
- gewürfeltem Schinken

Schmackhaft und vitaminreich

Für 2 Personen

Salate –

GRUNDREZEPT
Paprikasalat mit Ziegenkäse
je 1 rote, gelbe und grüne Paprikaschote *(je 200 g)*
1 Beutel Salatkrönung „Basilikum-Kräuter"
3–4 EL Wasser
4 TL Basilico-Öl *(ersatzweise Keimöl)*
2 EL Schnittlauchröllchen
2 kl. runde Scheiben Ziegenkäse *(je 40 g)*
1 schwach geh. EL Sesamsamen

REZEPTVARIATION
Blattsalat mit Ziegenkäse
Grundrezept ohne Paprika plus:
200 g Feldsalat, Rauke, Spinat oder andere Blattsalate

REZEPTVARIATION
Grünes Dressing
30 g Basilikum, Rucola oder Brunnenkresse *(ca. 1 Hand voll)*
150 g Jogurt, 1 EL Keimöl
1 Beutel Salatkrönung „Italienische Art"

REZEPTVARIATION
Nussdressing
20 g Walnusskerne
1/2 TL Senf, *mittelscharf*
1–2 EL Rotweinessig
2 EL gehackte Petersilie *(frisch oder TK)*
1 EL Keimöl
Pfeffer, Jodsalz

Paprikasalat mit Ziegenkäse

1 Paprikaschoten putzen, waschen und in feine Streifen schneiden.

2 Salatkrönung mit Wasser, 2 Teelöffeln Öl und Schnittlauch verrühren. Dressing über die Paprika gießen und alles gut vermischen.

3 Käsescheiben mit Wasser anfeuchten und von allen Seiten in den Sesamsamen wälzen. 1 Teelöffel Öl in einer Pfanne erhitzen. Käsescheiben darin bei mittlerer Hitze auf jeder Seite etwa 1 Minute braten.

4 Den Salat auf 2 Tellern anrichten. Jeweils eine Scheibe Ziegenkäse darauf legen und mit 1 Teelöffel Basilico-Öl beträufeln.
(auf dem Foto oben)

Blattsalat mit Ziegenkäse

1 Blattsalat putzen, waschen und die großen Blätter etwas zerpflücken.

2 Weiterverarbeitung siehe Grundrezept. Paprikaschoten gegen Salat austauschen.

Grünes Dressing

Gewaschene, klein zerpflückte Basilikumblättchen und Jogurt in einer hohen Schüssel mit dem elektrischen Pürierstab verrühren. Öl und Salatkrönung unterrühren.

Nussdressing

Walnusskerne hacken, in einer Pfanne ohne Fettzugabe rösten. Etwas abkühlen. Senf und Essig verrühren. Nüsse, Petersilie und Öl untermischen. Mit Pfeffer und Salz würzen.

Küchentipp

Salatblätter trocknen
Salat zuerst putzen und waschen. Danach

1 Trocknen im Tuch
Salatblätter in ein Küchentuch legen und die vier Zipfel mit einer Hand fest zusammenfassen. Den Arm mit dem Tuch schnell kreisen, so dass das Wasser aus den Blättern geschleudert wird (z.B. auf dem Balkon oder am offenen Fenster).

2 Trocknen in der Schleuder
Salatblätter in den Korb einfüllen. Den Korb in der Salatschleuder zum Rotieren bringen. Dabei wird das Wasser herausgeschleudert und sammelt sich in der Schüssel.

frisch und gesund

ca. 20 Minuten Zubereitungszeit

1

2

Einfach und schnell

Für 2 Personen

Rührei –

GRUNDREZEPT
Krabbenrührei auf Brot

2 große Eier *(Gewichtsklasse L)*
4 EL Mineralwasser
Pfeffer, Jodsalz
50 g Krabben oder Shrimps
3 EL geriebener Käse
2 gestr. TL kalte Butter oder Margarine
1 Frühlingszwiebel *(20 g)*
1 TL Keimöl
2 Scheiben Vollkorn- oder Roggenmischbrot *(je 50 g)*

REZEPTVARIATION
Gemüserührei

Grundrezept ohne Krabben plus:
2 EL Schnittlauchröllchen *(frisch oder TK)*
1 Stangen Staudensellerie *(50 g)*
1/2 kleine Zucchini *(50 g)*

Verfeinern

Geben Sie 1 gehäuften Esslöffel Instant-Haferflocken oder Schmelzflocken unter die Eimasse

Im Handel werden Eier nach folgenden **Gewichtsklassen** eingeteilt:

- XL für sehr große Eier mit mindestens 73 g
- L für große Eier mit 63-73 g
- M für mittelgroße Eier mit 53 bis unter 63 g
- S für kleine Eier unter 53 g

Krabbenrührei auf Brot

1 Eier aufschlagen und mit Wasser, Pfeffer und Salz gut verquirlen. Krabben, Käse und kalte Butterflöckchen zugeben.

2 Geputzte und gewaschene Zwiebel in etwa 1/2 cm breite Ringe schneiden.

3 Zwiebel in einer Pfanne mit wenig Öl dünsten. Eimasse darübergießen und bei mittlerer Hitze stocken lassen. Mit dem Pfannenwender die gestockte Eimasse am Pfannenrand lösen und in die Mitte schieben. So kann das flüssige Ei nachfließen und stocken.

4 Rührei auf den Brotscheiben anrichten.
(auf dem Foto)

Küchentipp

Rührreier anrichten:

- in ausgehöhlten Tomaten
- in Blätterteig-Pastetchen
- auf getoastetem Graubrot
- auf Kartoffelpuffern

Gemüserührei

1 Grundrezept Schritt 1 und 2 zubereiten. Schnittlauch in die Eimasse geben.

2 Vorbereitetes Gemüse in feine Scheibchen bzw. in feine Würfel schneiden. Gemüse und Zwiebel mit wenig Öl in einer heißen Pfanne 3 bis 4 Minuten dünsten. Mit Pfeffer und Salz würzen. Eimasse darübergießen und stocken lassen (siehe Grundrezept Schritt 3).

3 Rührei auf den Brotscheiben anrichten.

Einkaufstipp

Frischetest

Test 1
Rohes Ei in ein Glas Wasser legen. Ein frisches Ei bleibt auf dem Boden liegen, ein etwa 7 Tage altes Ei richtet sich auf und ein etwa 3 Wochen altes Ei beginnt zu schwimmen.

Test 2
Ei in einen flachen Teller aufschlagen. Das Ei ist frisch, wenn sich der Dotter wölbt und vom Eiweiß fest umschlossen wird. Beginnt das Eiweiß bereits etwas zu fließen, ist das Ei etwa 7 Tage alt. Bei etwa 3 Wochen alten Eiern fließt das Eiweiß auseinander und der Dotter ist flach.

variantenreicher Genuss

ca. 10 Minuten Zubereitungszeit

Sandwiches –

Zum Mitnehmen

Für 2 Personen

GRUNDREZEPT
Rucola-Ei-Sandwiches

2 Eier
50 g Rucola, Kresse oder Salatblätter
2–3 EL Kräuter nach Wahl, z.B. Petersilie, Majoran oder Dill *(frisch oder TK)*
250 g Magerquark
1 TL Keimöl
1 EL Kapern
Pfeffer, Jodsalz
4 Scheiben Vollkorn-Toastbrot *(ersatzweise Roggenmischbrot)*

REZEPTVARIATIONEN
Schinkensandwiches

Grundrezept nur mit 1 Ei plus:
½ kl. Möhre *(ca. 30 g)*
40 g roher Schinken

Thunfischsandwiches

Grundrezept nur mit 1 Ei plus:
1 Dose Thunfisch im Sud *(Abtropfgewicht 65 g)*

Rucola
Auch Rauke oder Roquette genannt, ist in gut sortierten Gemüsegeschäften und auf Wochenmärkten zu finden. Zarte Blätter schmecken angenehm aromatisch. Ältere Blätter sind meist bitter. Die Blätter können klein geschnitten als Würzkraut oder ganz bzw. grob zerkleinert als Salat oder Garnitur verwendet werden.

Rucola-Ei-Sandwiches

1 Eier mit Wasser bedeckt aufkochen und in 10 Minuten hart kochen. Unter kaltem Wasser abschrecken und leicht abkühlen lassen.

2 Inzwischen den Rucola putzen, waschen und gut abtropfen lassen. Kräuter waschen und trockentupfen. Kräuter und Kapern fein hacken.

3 Eier schälen. 1 warmes Ei in Würfel schneiden (im Eierschneider für Scheiben einmal der Länge nach und einmal quer zerteilen). Quark, Ei und Öl verrühren. Kräuter und Kapern unterrühren. Mit Pfeffer und Salz abschmecken.

4 Die Brotscheiben toasten. Das zweite Ei in Scheiben schneiden. Die Toasts mit dem Quark bestreichen, mit Rucola und Eischeiben belegen. Je 2 Brote aufeinander legen und diagonal durchschneiden.
(auf dem Foto)

Küchentipp

Zum Mitnehmen
Brotscheiben in eine Vorrats- oder Frischhaltedose oder in Folie verpacken. Bis zum Verzehr (am Arbeitsplatz) kühl stellen.

Schinkensandwiches

1 Grundrezept Schritt 1 bis 3 mit einem Ei zubereiten. Vorbereitete Möhre fein reiben, unter die Quarkmasse rühren.

2 Brote toasten, mit Quark bestreichen. Schinken fein würfeln. Toasts mit Schinken und Rucola belegen.

Tunfischsandwiches

1 Grundrezept Schritt 1 bis 3 mit einem Ei zubereiten. Tunfisch abtropfen lassen.

2 Brote toasten, mit Quark bestreichen. In kleine Stücke zerpflückten Fisch und Rucola darauf verteilen.

Küchentipp

Knusprige Brotscheiben
Nicht nur Toastbrot, sondern auch Roggenbrot vor dem Bestreichen toasten.

ideal zum Mitnehmen

ca. 20 Minuten Zubereitungszeit

Verfeinern

- Bestreuen Sie die Sandwiches vor dem Zusammenlegen mit feinen Schalottenwürfeln.
- Belegen Sie die Sandwiches zusätzlich mit Tomatenscheiben.
- Verrühren Sie den Quark für das Schinkensandwich mit 1 Teelöffel scharfem Senf.
- Ersetzen Sie den Tunfisch durch 2 Scheiben Räucherlachs und rühren Sie ½ Teelöffel Meerrettich unter den Quark.

Küchentipp

Ob ein **Ei roh oder gekocht** ist, können Sie sehr leicht feststellen, wenn Sie es auf eine glatte Fläche legen. Ist es roh, dreht es sich langsam. Gekocht dreht es sich schnell.

Küchentipp

Eier kühl lagern
Eier sollten möglichst in der Eierschale des Kühlschranks gelagert werden.

Mediterran

Für 2 Personen

Baguettes

GRUNDREZEPT
Baguette „Griechische Art"

2 Baguettebrötchen
1 kl. Paprikaschote *(100 g)*
75 g Schafskäse
12 schwarze Oliven
½ Packung Tomato al Gusto Zwiebel *(185 g)*
1 EL Olivenöl extra virgen
einige frische Thymian- oder Oreganoblättchen

REZEPTVARIATION
Baguette „Portugiesische Art"

Grundrezept ohne Schafskäse und Olivenöl
plus:
1 Dose Ölsardinen ohne Haut und Gräten *(Abtropfgewicht 90 g)*
etwas abgeriebene Schale einer unbehandelten Zitrone

REZEPTVARIATION
Baguette „Korsische Art"

Grundrezept ohne Schafskäse
plus:
1 TL Olivenöl extra virgen
100 g Rinderhackfleisch
½ TL Thymian, *getrocknet*
Jodsalz

Variationen

Auch das schmeckt interessant:
Streichen Sie die Masse vor dem Gratinieren z. B. auf
- kleine Baguettescheiben
- Graubrotschnitten
- gebratene Auberginen- oder Zucchinischeiben
- dünn gebackene, zusammengeklappte Crêpes.

Baguette „Griechische Art"

1 Backofen auf 220 °C (Gas: Stufe 4) vorheizen. Baguettebrötchen längs aufschneiden.

2 Paprikaschote putzen, waschen und in kleine Würfel schneiden (1). Schafskäse klein würfeln. Oliven entsteinen. Paprika, Schafskäse und Oliven mit Tomato al Gusto und Öl verrühren.

3 Tomaten-Käse-Masse gleichmäßig auf die Baguettehälften verteilen. Baguettes im Backofen 20 bis 25 Minuten gratinieren. Mit den Thymianblättchen garnieren. *(auf dem großen Foto)*

Baguette „Portugiesische Art"

1 Schritt 1 bis 3 wie im Grundrezept, jedoch ohne Käse zubereiten. Abgetropfte, in kleine Stücke zerteilte Ölsardinen unter die Tomatenmasse geben.

2 Weiterverarbeitung siehe Grundrezept Schritt 3 und 4. Zusätzlich mit der abgeriebenen Zitronenschale würzen.

Baguette „Korsische Art"

1 Schritt 1 bis 2 wie im Grundrezept, jedoch ohne Käse zubereiten.

2 Hackfleisch in einer aufgeheizten Pfanne, die zum fettarmen Braten geeignet ist, anbraten. Mit Thymian und Salz würzen. Unter die Tomatenmasse geben.

3 Weiterverarbeitung siehe Grundrezept Schritt 3.

Küchentipp

Paprikaschote gegen Zucchini austauschen.

Küchentipp

Paprikaschoten vorbereiten (1)
Mit einem scharfen Küchenmesser von der Paprikaschote oben und unten einen flachen Deckel abschneiden. Die Schote senkrecht von oben nach unten aufschneiden und das Kerngehäuse mit den weißen Zwischenwänden entfernen. Paprika waschen und laut Rezeptangabe in Streifen oder Würfel schneiden.

und **C***rostini*

ca. 30 Minuten Zubereitungszeit, davon ca. 25 Minuten Backzeit

Variationen

Crostini *(Fotos oben)* sind kleine Häppchen, wie goldbraun geröstete Baguettescheiben, verschieden belegt.

- Tomaten-Crostini: Gehackte Tomaten mit etwas Olivenöl verfeinern. Salzen und pfeffern. Mit Basilikum bestreuen.
- Pilz-Crostini: Gehackte Pilze und Zwiebeln so lange braten, bis die Flüssigkeit verdampft ist. Mit Olivenöl, Petersilie, Salz und Pfeffer abschmecken.
- Paprika-Crostini: Fein gewürfelte Paprikaschoten in etwas Öl kurz anbraten. Mit ein paar Tropfen Essig, Olivenöl, Salz und Pfeffer, evtl. auch etwas Knoblauch, würzen.

1

Zum Mitnehmen

Für 2 Personen

Milchreis – ein

GRUNDREZEPT
Milchreis mit Erdbeeren
500 ml (1/2 l) Milch
1 Beutel Mondamin Milchreis
250 g Erdbeeren
100 g Sahne

REZEPTVARIATION
Milchreis mit Äpfeln
Grundrezept ohne Beeren und Sahne
plus:
2 gestr. EL Pinienkerne
2 mittelgroße, säuerliche Äpfel *(300 g)*
2 gestr. TL Butter oder Margarine

Milchreis mit Erdbeeren

1 Milch aufkochen. Topf von der Kochstelle nehmen. Milchreis unter ständigem Rühren mit dem Schneebesen einstreuen. 1 Minute weiterrühren. Zugedeckt 10 Minuten quellen lassen.

2 Beeren waschen, abtropfen lassen und die Stengelansätze entfernen. Beeren vierteln oder in Scheiben schneiden. Sahne steif schlagen.

3 Reis nochmals durchrühren. Auf Teller verteilen. Beeren und Sahne darauf anrichten. *(auf dem Foto)*

Milchreis mit Äpfeln

1 Milchreis wie im Grundrezept Schritt 1 zubereiten.

2 Inzwischen Pinienkerne ohne Fettzugabe rösten. Äpfel schälen, vom Kerngehäuse befreien und in Spalten schneiden. In Butter oder Margarine kurz anbraten.

3 Reis nochmals durchrühren und auf Teller verteilen. Apfelspalten und Pinienkerne darauf anrichten.

Beeren sind wasserscheu!
Beeren nie unter dem harten Wasserstrahl, sondern in stehendem Wasser kurz waschen, damit die Früchte kein Wasser aufsaugen. Erst nach dem Waschen putzen und auf Küchenpapier abtropfen lassen. Empfindliche Beeren wie Himbeeren nur verlesen.

Variationen

Verwenden Sie anstelle der Erdbeeren eine beliebige andere Beerensorte.

Küchentipp

Einpacken und Mitnehmen
Auch abgekühlt schmeckt Milchreis sehr gut. Reis zum Mitnehmen in eine gut verschließbare Dose einfüllen.

Küchentipp

Sahnetupfer
Die Sahne steif schlagen und in einen Spritzbeutel einfüllen. Auf einen Bogen Alufolie kleine Tupfer aufspritzen und schockgefrieren. Die Sahnetupfer in eine Gefrierdose geben und bis zum Verbrauch im Tiefkühlgerät lagern.

Das paßt dazu

Milchreis anrichten mit:
- Ananas und gehackten Pistazien
- Backpflaumen und Zimt
- Sauerkirschen und Zimt
- Aprikosen und gerösteten Mandelstiften
- Orangenspalten und Beerensauce
- Obstsalat
- Mango

sahniges **E***ssvergnügen*

ca. 15 Minuten Zubereitungszeit

Zum Mitnehmen
Für 2 Gläser

Fitness-

GRUNDREZEPT
Müslidrink

150 g reife Honigmelone oder Pfirsich
1 gr. reife Banane *(150 g)*
200 ml Kefir oder Milch
100 ml Multivitaminsaft
3 gestr. EL Instant-Haferflocken oder Schmelzflocken
2 TL flüssiger Honig
1 TL Zitronensaft

Mango-Ananas-Drink

Grundrezept ohne Melone und Multivitaminsaft plus:
150 g reife Mango
100 ml Ananassaft ohne Zuckerzusatz

REZEPTVARIATIONEN
Beerendrink

Grundrezept ohne Melone und Multivitaminsaft plus:
150 g Beeren nach Wahl, z. B. Heidelbeeren, Himbeeren oder Erdbeeren *(frisch oder TK)*
300 ml anstatt 200 ml Kefir oder Milch

Müslidrink

1 Melone und die Banane schälen. Melone halbieren und die Kerne entfernen. Obst in grobe Stücke schneiden.

2 Obst, Kefir und Multivitaminsaft mit dem Pürierstab oder im Mixer pürieren.

3 Instant-Flocken und Honig unter den Drink rühren. Mit Zitronensaft nach Belieben abschmecken.
(auf dem Foto oben links)

Mango-Ananas-Drink

1 Vorbereitete Mango, Banane, Milch und Saft pürieren.

2 Weiterverarbeitung siehe Grundrezept Schritt 3
(auf dem Foto oben rechts)

Beerendrink

1 Vorbereitete Beeren, Banane und Milch pürieren.

2 Weiterverarbeitung siehe Grundrezept Schritt 3.
(auf dem Foto unten rechts)

Küchentipp

Natur-Vanille, gemahlen
Besteht aus getrockneten, fein vermahlenen Vanilleschoten. Sie hat ein intensives Aroma. Gemahlene „Natur-Vanille" ist im Reformhaus zu bekommen. Wegen der feinen Dosiermöglichkeit ideal zum Abschmecken für viele Getränke und Süßspeisen.

Küchentipp

Mango vorbereiten
Nur vollreife Früchte sind aromatisch und süß. Lassen Sie eine harte Mango lieber einige Tage nachreifen. Mango waschen und schälen. Mit einem großen Messer das Fruchtfleisch links und rechts am Kern entlang abschneiden. Die Mangostücke in Scheiben aufschneiden.

Küchentipp

Vorsicht: Mango-Flecken
sind hartnäckig und lassen sich nur sehr schwer entfernen.

Drinks

Küchentipp

Instant-/Schmelzflocken
Sie bestehen aus Haferflockenvollkornmehl und lösen sich schnell in Flüssigkeit auf.

Haferflocken
Sie enthalten hochwertiges Eiweiß, vor allem B-Vitamine, Mineralstoffe und Ballaststoffe. Dank ihres Kohlenhydratreichtums veranlassen sie das Gehirn zu einem vermehrten Ausstoß von Serotinin, dem so genannten Glückshormon. Das macht gelassen und lässt unwillkommenen Stress besser ertragen.
Sie sollten täglich einen Drink zu sich nehmen. Er ist eine ideale Zwischenmahlzeit, liefert gesunde Energie und verhindert das Absacken des Blutzuckerspiegels.

Küchentipp

Bananen
Je reifer Bananen sind, desto süßer schmecken sie. Besonders aromatisch sind sie, wenn die Schale kleine, braune Flecke aufweist. Bananen sind kälteempfindlich und gehören nicht in den Kühlschrank. Die beste Lagertemperatur liegt bei 12 bis 16 °C. Außerdem sind sie sehr druckempfindlich und bekommen schnell braune Stellen.

Variationen

Drink zubereiten z.B. mit:
- 1 TL Mandel- oder Nussmus
- 1 Msp. Natur-Vanille, gemahlen
- Dextrose anstatt Honig
- der Jahreszeit entsprechend reifen Früchten
- Jogurt anstatt Kefir oder Milch

Sehr variables Rezept

Für 2 Personen

Kartoffelsuppe –

GRUNDREZEPT

Kartoffel-Lauch-Suppe

1 Stange Lauch *(200 g)*
2 mittelgroße mehlig kochende Kartoffeln *(250 g)*
1 TL Keimöl
500 ml Wasser *($^{1}/_{2}$ l)*
1 $^{1}/_{2}$ Würfel Kräuterlinge Gartenkräuter
Muskat
2 EL Sahne
2 EL Schnittlauchröllchen *(frisch oder TK)*
Pfeffer, Jodsalz
50 g körniger Frischkäse

REZEPTVARIATION

Kartoffelsuppe mit Räucherfisch

Grundrezept plus:
100 g Räucherfisch

Küchentipp

Kartoffeln vorbereiten
Kartoffeln möglichst erst unmittelbar vor dem Zubereiten schälen, damit sie nicht lange im Wasser liegen müssen. So gehen ihre Vitamine und Mineralstoffe nicht verloren.

Verfeinern

Kartoffelsuppe verfeinern mit:
- Créme fraîche
- 1 TL Olivenöl
- Croutinos mit Walnuß und Sojakernen
- Liebstöckel, glattblättrige Petersilie oder Estragon
- geriebenem Käse
- gerösteten Sonnenblumenkernen
- Shrimps oder Krabben und geschlagener Sahne
- Hackfleischklößchen
- gebrat. Hähnchenfleisch

Kartoffel-Lauch-Suppe

1 Wurzelansatz vom Lauch sehr knapp abschneiden (1). Lauch der Länge nach halbieren (2) und unter fließendem Wasser gründlich waschen (3). Etwas Lauch zum Garnieren in 3 bis 4 cm lange, dünne Streifen schneiden. Restlichen Lauch in 2 cm breite Stücke schneiden (4).

2 Kartoffeln waschen, schälen, erneut waschen und würfeln.

3 Lauchstücke und Kartoffelwürfel in Öl andünsten. Wasser zugießen. 1 $^{1}/_{2}$ Würfel Kräuterlinge und etwas geriebene Muskatnuss zugeben. Aufkochen. Zugedeckt bei schwacher Hitze etwa 20 Minuten garen.

4 Suppe mit dem Pürierstab pürieren. Mit Sahne, Schnittlauch, Pfeffer und Salz abschmecken.

5 Suppe in 2 Teller verteilen. Vom Frischkäse mit einem angefeuchteten Teelöffel kleine Klößchen abstechen und auf die Suppe setzen. Lauchstreifen darüber streuen.

Kartoffelsuppe mit Räucherfisch

1 Grundrezept wie beschrieben zubereiten.

2 Räucherfisch von Haut und Gräten befreiten und in mundgerechte Stücke teilen.

3 Suppe zusätzlich mit den Fischstücken anrichten. *(auf dem großen Foto)*

Küchentipp

Ist die Suppe versalzen?
Einfach einige rohe Kartoffelscheiben hineinlegen und 5 Minuten ziehen lassen.
Es hilft auch, wenn Sie etwas Sahne oder Butter untermischen.

Küchentipp

Gemüsecremesuppe mit Kartoffelbindung
Auch Gemüsecremesuppen können entsprechend dem Grundrezept zubereitet werden. Verwenden Sie dazu 400 g Gemüse (z. B. Zucchini, Möhren, Kohlrabi, Rosenkohl, Broccoli oder Sellerie) und 100 g Kartoffeln. Durch die Bindung mit Kartoffeln erübrigt sich die Zugabe von Mehl, und die Sahnemenge kann im Vergleich zu üblichen Cremesuppen deutlich reduziert werden.

heiß und deftig

ca. 40 Minuten Zubereitungszeit

1

2

3

4

Vegetarisch

Für 2 Personen

Gemüsegratin

GRUNDREZEPT
Broccoli-Kohlrabi-Gratin

- **250 g Broccoli,** *frisch oder TK*
- **1 Kohlrabi** *(200 g)*
- **1 kl. rote Paprikaschote** *(100 g)*
- **1 Beutel Gemüseküche Fix für Broccoli-Gratin**
- **250 ml kaltes Wasser** *(1/4 l)*
- **2 EL Crème fraîche oder Schmand**
- **1 Msp. Butter für die Form**
- **Muskat**
- **3 EL geriebener Käse**

REZEPTVARIATION
Gemüsegratin mit Bulgur

- **Grundrezept ohne Broccoli, Kohlrabi und Paprikaschote plus:**
- **300 ml Wasser**
- **1 TL Gemüse-Kraftbouillon**
- **150 g Bulgur**
- **2 TL Curry**
- **2 mittelgr. Zucchini** *(250 g)*
- **250 g Champignons**
- **1 EL Zitronensaft**
- **1 TL Thymian,** *getrocknet*

Broccoli einkaufen
Frischer Broccoli hat eine dunkelgrüne Farbe, ab und zu mit einem violetten Schimmer, feste Stiele und grüne Blätter.

Broccoli-Kohlrabi-Gratin

1 Den Backofen auf 200 bis 220 °C (Gas: Stufe 3 bis 4) vorheizen.

2 Gemüse putzen und waschen. Broccoli in kleine Röschen teilen. Kohlrabi und Broccolistiele in dünne Scheiben schneiden. Paprikaschote vierteln, entkernen und in kleine Würfel schneiden.

3 Fix für Broccoli-Gratin nach Herstelleranweisung in kaltes Wasser einrühren und unter Rühren aufkochen. 1 Minute bei schwacher Hitze kochen lassen, dann die Crème fraîche unterrühren.

4 Gemüse in eine flache, eingefettete Auflaufform (ø 24 cm) geben. Mit Muskat würzen. Sauce darübergießen und untermischen. Gratin mit Käse bestreuen, im Ofen etwa 35 Minuten überbacken. Backofen ausschalten, Gratin noch etwa 5 Minuten ruhen lassen.
(auf dem großen Foto)

Gemüsegratin mit Bulgur

1 Wasser aufkochen. Bouillon einstreuen. Bulgur und 1 Teelöffel Curry untermischen. Zugedeckt bei schwacher Hitze etwa 20 Minuten ausquellen lassen.

2 Den Backofen auf 200–220 °C (Gas: Stufe 3 bis 4) vorheizen.

3 Vorbereitete Zucchini in halbe, dünne Scheiben schneiden. Pilze halbieren und mit Zitronensaft vermischen.

4 Sauce wie im Grundrezept Schritt 3 zubereiten. 1 Teelöffel Curry und Thymian untermischen.

5 Bulgur, Gemüse und Sauce in einer gefetteten Auflaufform (ø 24 cm) vermischen. Im vorgeheizten Backofen gratinieren, siehe Grundrezept Schritt 4.

Das passt dazu

- Salzkartoffeln
- Mandelreis
- Reismischung mit wildem Reis oder Hirse

Küchentipp

Bulgur

Bulgur (Weizengrütze) ist körnig und dem Reis sehr ähnlich. Er enthält wertvolle Vitamine und Mineralstoffe sowie Ballaststoffe.

Bulgur wird im Verhältnis 1:2 mit Wasser oder Brühe gegart. Sie bekommen Bulgur in der Lebensmittelabteilung der Kaufhäuser und in türkischen oder griechischen Geschäften.

Bulgur kann sehr abwechslungsreich zubereitet werden. Zu ihm passen viele Gewürze und Küchenkräuter, z.B. Curry, Paprika, Kümmel, Koriander, Wacholderbeeren, Thymian, Rosmarin, Petersilie, Pfefferminze oder Liebstöckel.

ca. 55 Minuten Zubereitungszeit, davon ca. 40 Minuten Backzeit

Variationen

- Reste oder gegarte, kleine Portionen von Hirse, Reis oder Teigwaren unter das Gemüse mischen.
- Gegarte Polenta in der gefetteten Auflaufform verstreichen, Gemüse darauf verteilen.
- Broccoli gegen Zuckerschoten oder Spargel austauschen.

Küchentipp

Broccoli vorbereiten

Die trockenen Schnittflächen an den Stengelunterseiten und die großen Blätter abschneiden. Broccoli waschen. Röschen von den Stielen abschneiden. Die Schale an den Stielen von unten nach oben abziehen. Da die Stiele eine längere Garzeit haben, in Scheiben schneiden, wenn sie mit den Röschen gemeinsam gegart werden sollen.

Orientalisch Für 4 Personen

Couscous

GRUNDREZEPT
Gemüsecouscous

200 g Couscousgrieß (grober Hirse- oder Hartweizengrieß)
3 kl. Zucchini *(300 g)*
2 gr. Möhren *(200 g)*
3 kl. Auberginen *(300 g)*
1 Packung Tomato al Gusto Zwiebel *(Einwaage 370 g)*
1 Würfel Kräuterlinge Petersilie-Knoblauch
1 TL Thymian, *getrocknet*
2 EL gehackte Petersilie *(frisch oder TK)*
Jodsalz, Pfeffer
1 TL Olivenöl extra virgen

REZEPTVARIATION
Gemüsecouscous „Spezial"

Grundrezept, von allen Gemüsen nur 200 g verwenden,
plus:
200 g weißer Rettich
je 1 gr. gelbe und grüne Paprikaschote *(je 200 g)*
1 gr. Fleischtomate, gehäutet *(200 g)*

REZEPTVARIATION
Couscous „Tunesische Art"

Grundrezept plus:
400 g Lammfleisch, *2 cm groß, gewürfelt*
1 TL Piment
1 TL Cumin *(Kreuzkümmel)*
1 TL Koriander
1 Dose gebackene Bohnen *(Einwaage 400 g)*

Gemüsecouscous

1 Couscousgrieß mit lauwarmem Wasser übergießen.

2 Gemüse putzen, waschen und in dicke Scheiben oder in 2 cm große Würfel schneiden.

3 Topf mit einem Siebeinsatz verwenden. Gemüse, Tomato al Gusto, den Würfel Kräuterlinge und Thymian in den unteren Topf einfüllen. Couscous in den Siebeinsatz einfüllen. Auf den Topf stellen. Deckel auflegen.

4 Bei mittlerer Hitze 20 Minuten aufheizen. Bei schwacher Hitze 40 Minuten garen. Gemüse ab und zu umrühren.

5 Gemüse mit Petersilie, Salz und Pfeffer abschmecken. In eine große Schüssel einfüllen und das Öl darüberträufeln. Couscous mit einer Gabel auflockern, in der Mitte anrichten.

Gemüsecouscous „Spezial"

1 Gemüse vorbereiten wie im Grundrezept beschrieben.

2 Wie Couscous im Grundrezept zubereiten. Rettich und Paprikaschoten zusätzlich beifügen.
(auf dem großen Foto)

Couscous „Tunesische Art"

1 Schritt 1 und 2 wie im Grundrezept zubereiten. Fleisch mit wenig Öl vermischen.

2 Topf mit einem Siebeinsatz verwenden, den unteren Topf bei mittlerer Hitze aufheizen. Fleisch zugeben und anbraten. Weiterverarbeitung siehe Grundrezept Schritt 3 und 4.

3 Bei Garzeitende Bohnen zugeben und erwärmen.

Verfeinern

Couscous läßt sich vielfältig variieren:

- mit etwas Zimt und gerösteten Mandelblättchen
- mit Kreuzkümmel und Koriander
- mit Rosinen, Mandeln, und Zimtpulver

mit Gemüse

ca. 80 Minuten Zubereitungszeit, davon ca. 60 Minuten Garzeit

Küchentipp

Gareinheit mit Siebaufsatz

Dampfgaren ist eine schonende Garmöglichkeit, nicht nur für Couscous, sondern für viele Gemüse, Kartoffelrezepte und zahlreiche Gerichte aus asiatischen Küchen.

Ist kein Topf mit einem Siebeinsatz vorhanden, den vorgequollenen Couscous in ein feinmaschiges Sieb oder ein Salatsieb einfüllen, dieses in einen passenden Topf hängen und das Couscous zugedeckt im Dampf garen.

Raffiniert

Für 2 Personen

Gefüllte

GRUNDREZEPT

Gefüllte Kartoffeln mit Spinat

2 große, mehlig kochende Kartoffeln *(je 200 g)*
300 g TK-Blattspinat
50 g Gouda, klein gewürfelt
2 EL Crème fraîche oder Schmand
Muskat, Pfeffer, Jodsalz

REZEPTVARIATION

Gefüllte Kartoffeln mit Pilzen

Grundrezept ohne Käse plus:
150 g Champignons
1 EL Zitronensaft
1/2 kl. Zwiebel
1 TL Keimöl
Kümmel, *gemahlen*
1 EL Schnittlauchröllchen *(frisch oder TK)*

Achten Sie beim Einkauf von Kartoffeln darauf, dass sie keine grünen Stellen aufweisen. Diese enthalten Solanin, das Durchfall, Erbrechen und Magenkrämpfe hervorrufen kann. Kartoffeln mit größeren grünen Stellen in den Abfall geben. Kleine Punkte können ausgeschnitten werden.

Gefüllte Kartoffeln mit Spinat

1 Kartoffeln sorgfältig bürsten. Tropfnass oder, falls nötig, mit etwa 200 ml Wasser in einen Topf geben. Zugedeckt bei mittlerer Hitze aufkochen und bei schwacher Hitze 40 bis 45 Minuten garen.

2 Gefrorenen Spinat in einen Topf geben. Zugedeckt bei mittlerer Hitze etwa 12 Minuten aufheizen und auftauen. Ab und zu wenden. Spinat klein schneiden und abtropfen lassen.

3 Kartoffeln der Länge nach halbieren und mit einem Teelöffel so aushöhlen, dass nur ein dünner Rand zurückbleibt. Die Kartoffelmasse mit einer Gabel zerdrücken, Crème fraîche, Käse und Spinat unterrühren. Mit Muskat, Pfeffer und Salz würzen.

4 Atmosfera auf Stufe 6 aufheizen. Kartoffeln füllen und in den Topf setzen. Atmosfera auf Stufe 3 zurückschalten und das Gerät zum Überbacken 15 Minuten (1) auf den Topf legen.
(auf dem großen Foto)

Gefüllte Kartoffeln mit Pilzen

1 Kartoffeln wie im Grundrezept zubereiten.

2 Pilze vorbereiten, in Scheiben schneiden. Zitronensaft untermischen. Fein gewürfelte Zwiebel in wenig Öl rösten. Pilze zugeben, Bei starker Hitze 5 bis 6 Minuten braten. Mit Kümmel, Pfeffer und Salz würzen.

3 Kartoffelmasse, Crème fraîche und Schnittlauch verrühren. Würzen. Pilze untermischen. Weiterverarbeitung siehe Grundrezept Schritt 4.

Küchentipp

Wenn Sie über keinen Atmosfera verfügen, überbacken Sie die gefüllten Kartoffeln im vorgeheizten Backofen bei 220 °C (Gas: Stufe 4) etwa 30 Minuten.

Küchentipp

Gesunde Kartoffel

Kartoffeln sind sehr vielfältig einsetzbar und sind nebenbei auch noch gesund. Sie enthalten nicht nur einen hohen Anteil an Vitamin C und Mineralstoffen, wie Kalium und Magnesium, sondern auch Ballaststoffe. Kartoffeln pur sind keine Dickmacher. Es sind die fettreichen Zubereitungen, die reichlich Kalorien bringen!

Kartoffeln

Ca. 70 Minuten Zubereitungszeit, davon ca. 45 Minuten Garzeit

Küchentipp

Atmosfera – die mobile Kochstelle, ein idealer Zeit- und Energiesparer, besonders für den kleinen Haushalt, zum Kochen, Backen und Überbacken.

1

Raffiniert

Für 2 Personen

Fischrouladen

GRUNDREZEPT
Fischrouladen auf dem Gemüsebett

1 Packung *(300 g)*
TK-Gemüse-Mischung
2 Rotbarschfilets *(je 150 g)*
Saft von 1/2 Zitrone
Salz
Pfeffer
1 geh. EL Tomatenmark
1 EL Senf, *mittelscharf*
2 EL gehacktes Basilikum oder Dill *(frisch oder TK)*

REZEPTVARIATION
Fischrouladen im Chinakohl

Grundrezept ohne Gemüse-Mischung
plus:
4 große Blätter Chinakohl *(je ca. 30 g)*

Fisch ist ein wertvolles Lebensmittel und sollte mindestens einmal pro Woche auf dem Speiseplan stehen. Er hat leicht verdauliches Eiweiß, ist meist relativ fettarm und hat wenig Kalorien. Das Fett der Seefische ist reich an cholesterinspiegelsenkenden Omega-3-Fettsäuren. Außerdem sind wichtige Mineralstoffe, u. a. Jod und Vitamine enthalten.

Fischrouladen auf dem Gemüsebett

1 Gemüsemischung unaufgetaut in einen flachen Topf geben und zugedeckt bei mittlerer Hitze 8 bis 10 Minuten aufheizen.

2 Rotbarschfilets waschen und mit Küchenpapier trockentupfen. Mit Zitronensaft beträufeln, dann salzen und pfeffern.

3 Tomatenmark und Senf verrühren. Innenseite der Filets damit bestreichen (1) und mit dem Basilikum bestreuen (2). Filets von der breiten zur schmalen Seite hin zusammenrollen (3) und mit Küchengarn festbinden (4).

4 Die Rouladen auf das inzwischen erwärmte Gemüse setzen und zugedeckt bei schwacher Hitze 12 bis 15 Minuten garen.
(auf dem großen Foto)

Fischrouladen in Chinakohl

1 Chinakohl in Salzwasser 3 Minuten blanchieren. Kurz in eiskaltem Wasser abkühlen. Abtropfen lassen.

2 Gemüse und Fisch wie im Grundrezept Schritt 1 bis 3 weiterverarbeiten.

3 Jedes Filet auf 2 abgetropfte Chinakohlblätter legen. Weiterverarbeitung siehe Grundrezept Schritt 4 und 5.

Küchentipp

Fischgräten entfernen
Gräten lassen sich mit einer Pinzette herausziehen.

Verfeinern

2 Esslöffel Sahne und 1 Teelöffel gehackte Kräuter verrühren und die fertig gegarten Rouladen damit begießen.

Variationen

Für Eilige
Fischfilet auf das Gemüse legen und dünsten (z. B. Blattspinat, Zucchini, Lauch oder Staudensellerie).

mit Gemüse

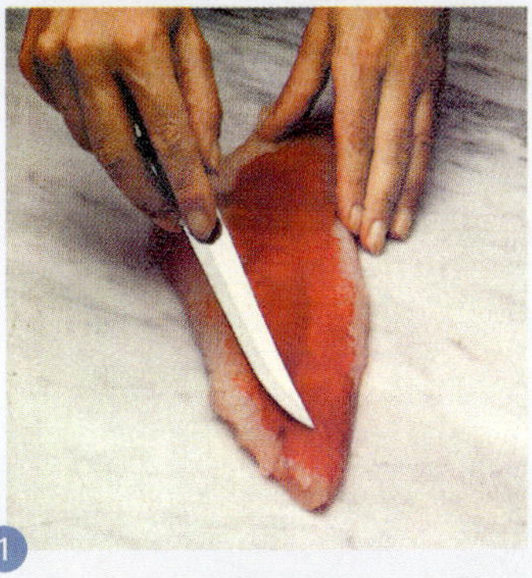

1

2

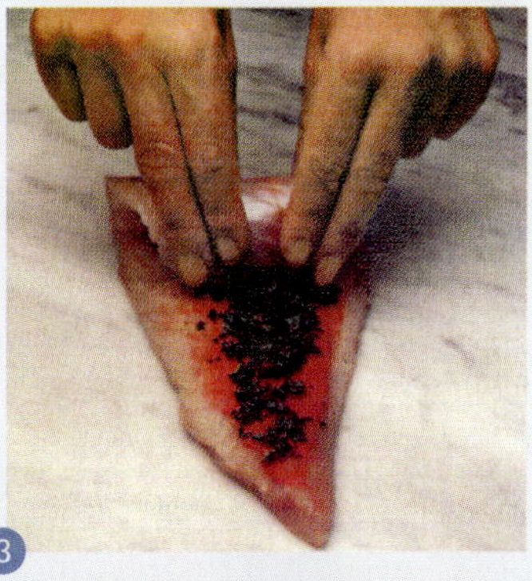

3

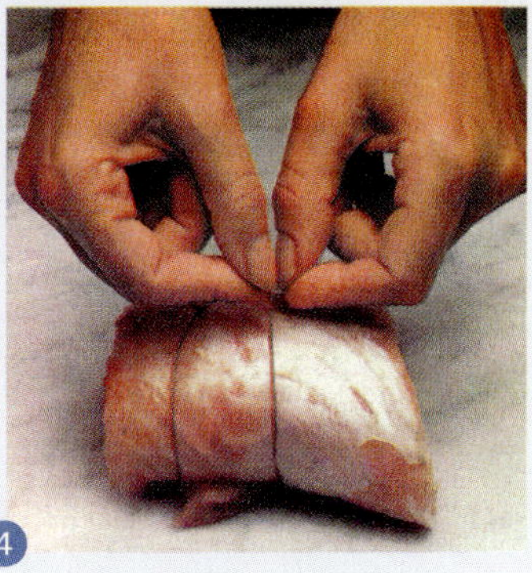

4

ca. 30 Minuten Zubereitungszeit

Küchentipp

Fischfilet ist gar, wenn sich das Fischfleisch unter leichtem Druck mit einer Gabel schuppenartig löst. Damit das Fischfleisch saftig und zart bleibt, darf Fisch nicht zu lange gegart werden.

Verfeinern

Die Zwiebel-Tomatenmasse mit 1 Teelöffel gehackten Kapern oder 1 Msp. grünen, zerdrückten Pfefferkörnern würzen.

Mild, klassisch

Für 4 Personen

GRUNDREZEPT

Bunter Hähnchentopf

1 Hähnchen *(ca. 1,2 kg)*
3 kl. Möhren *(je 70 g)*
1 kl. Zwiebel
1 Lorbeerblatt
2 Nelken
Jodsalz
125 ml Wasser *(1/8 l)*
2 Stangen Lauch *(400 g)*
300 g Champignons
1 EL Zitronensaft
1 TL Keimöl
Muskat, Pfeffer
2 EL gehackte Petersilie
(frisch oder TK)

REZEPTVARIATION

Hühnerfrikassee

Grundrezept plus:
2 Beutel Raffinesse Zitronen Buttersauce
2 TL gehackte Kapern

Küchentipp

Hygiene ist wichtig

So können Sie bei Fleisch und Geflügel Bakterienbildung weitgehend vermeiden:

- Sauber arbeiten
  Geflügel und Fleisch gründlich reinigen und mit Küchenpapier trockentupfen. Arbeitsflächen säubern.
- Keine Holzbretter verwenden.
- Gut erhitzen
  Fleisch, insbesondere Hackfleisch, und Geflügel gründlich durchgaren. Beim Wiederaufwärmen kurz aufkochen.
- Gut kühlen
  Frisch Gekochtes sollte nicht bei Zimmertemperatur stehen bleiben. Abkühlen lassen und zugedeckt in den Kühlschrank stellen.

Bunter Hähnchentopf

1 Hähnchen am Rückgrat entlang halbieren und waschen. Möhren schälen. Zwiebel mit Lorbeerblatt und Nelken spicken.

2 Hähnchen mit Möhren, der Zwiebel und etwas Salz in dem Wasser aufkochen. Zugedeckt bei schwacher Hitze etwa 35 Minuten garen.

3 Lauch und Pilze putzen und waschen. Lauch in 2 cm breite, schräge Streifen, Pilze in Scheiben schneiden. Pilze mit Zitronensaft vermischen.

4 Lauch in Öl andünsten. Mit Muskat, Pfeffer und Salz würzen und zugedeckt bei schwacher Hitze 6 Minuten garen. Pilze dazugeben und 2 bis 3 Minuten mitdünsten.

5 Das fertig gegarte Hähnchen abgießen und die Brühe auffangen. Die Hähnchenbrühe zum Lauch-Pilz-Gemüse gießen und alles aufkochen.

6 Hähnchen etwas abkühlen lassen, dann von Haut und Knochen befreien. Möhren in Scheiben, Fleisch in mundgerechte Stücke schneiden.

7 Fleisch, Möhren und Petersilie zum Gemüse geben und erwärmen. Mit Muskat, Pfeffer und Salz abschmecken. *(auf dem Foto: unten)*

Hühnerfrikassee

1 Schritt 1 bis 4 wie im Grundrezept zubereiten.

2 Brühe auffangen und mit Wasser zu 500 ml (1/2 l) auffüllen.

3 Brühe zu dem Lauch-Pilz-Gemüse gießen. Saucenpulver einrühren, unter Rühren aufkochen. Bei schwacher Hitze 2 Minuten kochen.

4 Hähnchen weiterverarbeiten, siehe Grundrezept Schritt 6.

5 Fleisch, Möhren, Petersilie und Kapern zu dem Gemüse geben und erwärmen. *(auf dem Foto: oben)*

Küchentipp

Zwiebel spicken

Geschälte Zwiebel quer etwa 2 cm tief einschneiden. In den Schnitt das Lorbeerblatt klemmen. Nelken mit dem Stielende in die Zwiebel bohren.

Geflügel

ca. 50 Minuten Zubereitungszeit

Küchentipp

Hähnchen ist gar, sobald sich das Fleisch leicht von den Knochen lösen lässt bzw. wenn sich die Knochen leicht auslösen lassen.

Resteverwertung

Für Vorrat sorgen
Hähnchenfleisch und Brühe portionsgerecht und getrennt verpackt einfrieren.

Herzhaft Für 4 Personen

Gulasch –

GRUNDREZEPT
Saftgulasch „Ungarische Art"
2–3 große Zwiebeln *(250 g)*
1 große Kartoffel, *mehlig kochend (150 g)*
500 g Gulasch *(halb Rind- und halb Schweinefleisch)*
1 geh. TL Paprika, *edelsüß*
1/2 TL Kümmel, *gemahlen*
Pfeffer, Jodsalz
1 gehäufter EL Tomatenmark
2 schwach gehäufte EL Crème fraîche oder Schmand
1 schwach gehäufter TL Kräuterbouillon
250 ml Wasser *(1/4 l)*
1 Packung Tomato al Gusto Kräuter *(Einwaage 370 g)*

REZEPTVARIATION
Gulasch „Österreichische Art"
Grundrezept plus:
100 g Essiggurken
2–3 EL Essiggurkenwasser
1 Knoblauchzehe

REZEPTVARIATION
Gulasch „Serbische Art"
Grundrezept ohne Kartoffel plus:
1 gr. rote Paprikaschote *(200 g)*
200 g Reis, *roh*
1 TL Paprika, *edelsüß*
400 ml Wasser für Reis
1 gehäufter TL Kräuterbouillon

Saftgulasch „Ungarische Art"

1 Geschälte Zwiebeln in Scheiben, vorbereitete Kartoffel in kleine Würfel schneiden.

2 Zwiebeln kurz in einem aufgeheizten Topf andünsten. Fleisch zugeben, zugedeckt 10 Minuten bei schwacher Hitze köcheln lassen.

3 Gewürze und Salz zugeben. Im geöffneten Topf den entstandenen Saft bei starker Hitze einkochen lassen.

4 Kartoffel, Tomatenmark, Crème fraîche und Kräuterbouillon zugeben. Wasser nach und nach zugießen. Zugedeckt 40 Minuten bei schwacher Hitze schmoren.

5 Tomato al Gusto untermischen. Weitere 20 Minuten schmoren. Mit Paprika, Kümmel, Pfeffer und Salz abschmecken.
(auf dem Foto)

Verfeinern

- Einen Teil des Wasser durch Rotwein ersetzen.
- Gulasch zusätzlich mit etwas Piment (Nelkenpfeffer) abschmecken.

Gulasch „Österreichische Art"

1 Grundrezept Schritt 1 bis 5 zubereiten.

2 Gulasch mit fein geschnittenen Gurkenstreifen, Gurkenwasser und gehackter Knoblauchzehe abschmecken.

Verfeinern

Mit 1 TL Crème fraîche garniert anrichten.

Gulasch „Serbische Art"

1 Grundrezept Schritt 1 bis 4 zubereiten.

2 Paprikaschote vorbereiten, 1 cm groß würfeln.

3 Paprika, Reis, Paprikapulver und Tomato al Gusto untermischen. 400 ml Wasser zugießen. Kräuterbouillon einstreuen und aufkochen. Bei schwacher Hitze 20 Minuten schmoren. Mit Paprika, Kümmel, Pfeffer und Salz abschmecken.

Küchentipp

Paprikapulver darf nicht in heißes Fett gegeben werden, es verbrennt und wird bitter. Erst nach Anbraten würzen.

der ungarische Hit

ca. 1 ½ Stunden Zubereitungszeit, davon ca. 70 Minuten Schmorzeit

Resteverwertung

Gulasch hat eine lange Garzeit und schmeckt noch besser, wenn eine große Portion zubereitet wird. Deshalb gleich die doppelte Menge zubereiten und portioniert einfrieren.
Gulaschreste zu einer Gulaschsuppe mit Gemüse- oder Fleischbrühe verlängern, z. B. mit gebratenen Pilzen, Sauerkraut, gedünsteten Lauch- oder Möhrenstreifen anreichern.

Küchentipp

Kräftige Sauce
So erhalten Sie eine intensive Farbe und einen kräftigen Geschmack: Flüssigkeit nach und nach zugießen und immer wieder einschmoren lassen.

Exotisch

Für 2 Personen

Asiatisch essen

GRUNDREZEPT
Puten-Gemüse-Pfanne
- **150 g Putenschnitzel**
- **2 TL Keimöl**
- **3 EL Sojasauce**
- **1 Msp. Sambal olek**
- **200 g Broccoli,** *(frisch oder TK)*
- **1 kleine Möhre** *(50 g)*
- **1 Lauchzwiebel** *(50 g)*
- **1 kleine rote Paprikaschote** *(100 g)*
- **1 TL Koriander,** *gemahlen*
- **50 g Sojabohnenkeime**
- **Pfeffer, Jodsalz**

REZEPTVARIATION
Gemüsepfanne mit Shrimps
- **Grundrezept ohne Putenschnitzel**
- **plus:**
- **150 g Shrimps**
- **1 EL Sherry**

Küchentipp

Zutaten marinieren
Gemüse, Fleisch, Geflügel oder Fisch werden besonders zart und schmackhaft, wenn sie nach dem Schneiden mit einer Marinade aus jeweils 1 TL Sojasauce, Sherry oder Reiswein, wenig Öl und Gewürzen vermischt werden. Fleisch oder Gemüse am besten bereits einen Tag vor dem Zubereiten vorbereiten und kühl gestellt marinieren.

Puten-Gemüse-Pfanne

1 Fleisch in dünne Streifen schneiden und mit 1 Teelöffel Öl, 1 Eßlöffel Sojasauce und dem Sambal vermischen. Kühl stellen, 1/2 Stunde marinieren.

2 Broccoli putzen, waschen und in kleine Röschen teilen. Stiele in dünne Scheiben schneiden. Gemüse tropfnass in einen Topf geben und zugedeckt bei mittlerer Hitze 4 Minuten dünsten.

3 Möhre und Zwiebel schälen. Möhre in dünne, schräge Scheiben, Zwiebel in Ringe schneiden. Paprikaschote waschen, entkernen und in feine Streifen schneiden. Gemüse mit 1 Teelöffel Öl, 2 Esslöffeln Sojasauce und dem Koriander vermischen. Alle Zutaten bereit stellen

4 Den Wok oder eine große Pfanne bei mittlerer bis starker Hitze aufheizen. Das marinierte Gemüse 5 bis 6 Minuten unter Rühren garen, dann die Sojabohnenkeime zugeben.

5 Gemüse an den Rand schieben, das Fleisch in den Wok geben und bei starker Hitze reichlich 1 Minute braten.

6 Die Broccoliröschen dazugeben, alles gut vermischen und mit Pfeffer und Salz abschmecken.
(auf dem Foto: unten sowie auf dem Titelfoto)

Gemüsepfanne mit Shrimps

1 Shrimps mit je 1 Teelöffel Öl, Sherry und Sambal vermischen. Kühl gestellt marinieren.

2 Weiterverarbeitung siehe Grundrezept Schritt 2 bis 4.

3 Shrimps und Broccoli beifügen ud erwärmen. Mit Pfeffer und Salz abschmecken.
(auf dem Foto: oben)

Verfeinern

Verfeinern Sie asiatische Gerichte mit
- fein gehacktem Ingwer
- fein gehackter Chilischote
- Austernsauce
- Chilisauce
- Krabbenpaste
- Currypaste
- Fünf-Gewürz-Pulver
- Zitronengras

Küchentipp

Pfannenrühren (Sautieren)

Beim Pfannenrühren wird mit starker Hitze gearbeitet, denn die Wärme muß auch die Seitenwände des Wok genügend erhitzen. Die fein geschnittenen Zutaten werden auf dem heißen Pfannenboden unter ständigem Rühren in sehr kurzer Zeit gegart. Durch das Rühren werden die Zutaten an den kühleren Seiten hochgeschoben und garen bei niedrigeren Temperaturen nach.

Sehr einfach

Für 4 Personen

Kartoffelklöße –

GRUNDREZEPT
Lauchklöße

1 mittelgr. Stange Lauch *(125 g)*
1/2 kleine Zwiebel
50 g Fleischkäse
1 TL Keimöl
1 EL Majoran, *getrocknet*
Muskat
Jodsalz, Pfeffer
500 ml Wasser *(1/2 l)*
1 Packung rohe Klöße *(für 8 Klöße)*
2 l Wasser zum Kochen

REZEPTVARIATION
Pilzfrikadellen

Grundrezept ohne Majoran, Lauch und Fleischkäse plus:
750 g Pilze *(z.B. Champignons, Pfifferlinge, Steinpilze)*
1 EL Zitronensaft
2 Zwiebeln *(150 g)*
3 TL Keimöl
1 1/2 Würfel Kräuterlinge
Küchenkräuter
3 EL gehackte, glattblättrige Petersilie *(frisch oder TK)*
2 Eier

Küchentipp

Nach dem Garen einen Kloß mit der Gabel aufnehmen 4 und mit einer zweiten Gabel aufreißen.
Ist der Kloß im Inneren noch feucht, müssen die Klöße noch ziehen. Ist das Innere trocken, sind die Klöße gar.

Lauchklöße

1 Lauch putzen, waschen und in feine Streifen schneiden. Zwiebel und Fleischkäse in kleine Würfel schneiden. Öl erhitzen und die Zwiebel darin anrösten. Für die Füllung die Hälfte der Zwiebel herausnehmen und mit dem Fleischkäse mischen.

2 Lauch und Majoran zu der restlichen Zwiebel geben. Mit Muskat, Salz und Pfeffer würzen. Zugedeckt bei schwacher Hitze 3 bis 4 Minuten dünsten.

3 1/2 l Wasser abmessen. Den Lauch zugeben, das Kloßpulver einrühren und 10 Minuten quellen lassen.

4 In einem großen Topf 2 l Wasser aufkochen.

5 Inzwischen den Kloßteig mit einem Messer wie eine Torte in 8 Stücke einteilen 1. Mit angefeuchteten Händen jeweils eine Portion zu einer glatten Kugel formen 2. Kugel eindrücken und etwas Füllung in die Mitte geben 3. Teig über der Füllung wieder zusammendrücken und formen.

4 1 Teelöffel Salz in das kochende Wasser geben. Klöße einlegen und bei schwacher Hitze im geöffneten Topf etwa 20 Minuten garen.

Pilzfrikadellen

1 Vorbereitete Pilze in Scheiben schneiden, mit Zitronensaft vermischen.

2 Geschälte Zwiebeln fein würfeln, in einer großen Pfanne in wenig Öl anbraten. Pilze, Kräuterlingeund Petersilie beifügen. Bei starker Hitze braten, bis die Flüssigkeit verdampft ist. Pfeffern. Abkühlen.

3 Eier in einen Messbecher geben. Mit kaltem Wasser zu 500 ml (1/2 l) auffüllen. Kloßpulver einrühren. Pilze unterrühren und 10 Minuten quellen lassen.

4 Mit angefeuchteten Händen 16 Frikadellen formen. Auf 2 Portionen in je 1 Teelöffel Öl bei mittlerer Hitze auf jeder Seite 10 Minuten knusprig braten.
(auf dem großen Foto)

eine runde Sache

1

2

3

4

ca. 50 Minuten Zubereitungszeit, davon ca. 20 Minuten Garzeit

Italienisch

Für 4 Personen

Lasagne –

GRUNDREZEPT
Gemüselasagne

- **500 g Broccoli** *frisch oder TK*
- **3 mittelgr. Möhren** *(300 g)*
- **250 g Champignons**
- **1 EL Zitronensaft**
- **900 ml Milch**
- **80 g Mondamin Klassische Mehlschwitze, hell**
- **1 Würfel Kräuterlinge**
- **Italienische Kräuter**
- **Muskat**
- **Jodsalz, Pfeffer**
- **1 Msp. Fett für die Form**
- **9–12 Lasagneplatten** *(180 g)*
- **80 g geriebener Käse**

REZEPTVARIATION
Hackfleisch-Gemüse-Lasagne

- **Grundrezept plus:**
- **200 g gemischtes Hackfleisch**
- **1/2 TL Thymian,** *getrocknet*
- **Paprika,** *edelsüß*

Frische Champignons sind daran zu erkennen, dass die Pilzkappen noch geschlossen, prall und mit dem Stiel verbunden sind. Die Lamellen sind nicht sichtbar. Eine runzelige Haut weist darauf hin, dass die Pilze bereits einige Tage zuvor geerntet wurden. Den feinsten Geschmack haben die rosafarbenen Champignons aus Frankreich.

Gemüslasagne

1 Broccoli und Möhren putzen und waschen. Broccoli in kleine Röschen zerteilen. Stiele und Möhren in dünne Scheiben schneiden. Backofen auf 200 °C (Gas: Stufe 3) vorheizen.

2 Möhren tropfnaß in einen Topf geben. Zugedeckt bei mittlerer Hitze aufheizen und bei schwacher Hitze 3 bis 4 Minuten garen. Broccoli zugeben und weitere 8 Minuten garen.

3 Inzwischen die Champignons putzen, in Scheiben schneiden und mit dem Zitronensaft vermischen. Roh unter das Gemüse geben.

4 Milch aufkochen und die Mehlschwitze einrühren. Den Würfel Kräuterlinge zugeben. Sauce etwa 1 Minute bei schwacher Hitze unter Rühren kochen und mit Muskat, Salz und Pfeffer kräftig abschmecken.

5 Eine Auflaufform (etwa 22 x 30 cm) einfetten. 2 Esslöffel Sauce einfüllen. Mit Lasagneplatten bedecken. Gemüse zur Hälfte darauf verteilen und mit Sauce bedecken. Den Vorgang wiederholen, so dass eine zweite Schicht entsteht. Mit Lasagneplatten und Sauce abschließen und mit dem Käse bestreuen.

6 Lasagne im vorgeheizten Backofen etwa 30 Minuten backen und im ausgeschalteten Backofen weitere 10 Minuten ziehen lassen.
(auf dem Foto)

Hackfleisch-Gemüse-Lasagne

1 Eine für das fettarme Braten geeignete Pfanne erhitzen und das Hackfleisch darin anbraten. Mit Thymian, Paprika, Pfeffer und Salz würzen.

2 Grundrezept Schritt 1 bis 5 zubereiten. Hackfleisch zusätzlich unter das Gemüse geben.

Küchentipp

Pilze richtig lagern
Sie werden trocken und kühl gelagert. Plastikbeutel immer entfernen. Die Pilze beginnen darin zu schwitzen und werden weich und schmierig.

Klassiker aus Italien

ca. 75 Minuten Zubereitungszeit, davon ca. 40 Minuten Backzeit

Für Gäste
Für 6 Personen

Quiches –

GRUNDREZEPT
Paprikaquiche

- **2 Zwiebeln** *(100 g)*
- **je 2 große rote und gelbe Paprikaschoten** *(je 400 g)*
- **1 Tomate** *(100 g)*
- **5 EL Milch** *(75 ml)*
- **3 Eier**
- **150 g Kräuter-Frischkäse**
- **Muskat**
- **Jodsalz, Pfeffer**
- **1 Packung Pizza-Teig** *(460 g)*
- **125 ml lauwarmes Wasser** *($^{1}/_{8}$ l)*
- **1 Msp. Fett für die Form**
- **einige Petersilien- oder Majoranblättchen**

REZEPTVARIATION
Spinatquiche

- **Grundrezept ohne Paprikaschoten und Tomate plus:**
- **3 Pakete TK-Blattspinat** *(900 g)*
- **150 g gekochter Schinken**
- **1 Knoblauchzehe**

Küchentipp

Unterschied zwischen Quiche und Auflauf
Ganz einfach, wenn Sie eine Quiche möchten, legen Sie die gefettete Auflaufform mit dem Teig aus und wenn Sie einen Auflauf möchten, geben Sie die Zutaten ohne die Teigunterlage in die Form.

Paprikaquiche

1 Zwiebeln schälen und in dünne Scheiben schneiden. Paprikaschoten putzen, waschen, entkernen und in Streifen schneiden. Tomate in Scheiben schneiden. Backofen auf 180 bis 200 °C (Gas: Stufe 2 bis 3) vorheizen.

2 Für den Guss die Milch mit den Eiern verquirlen. Den Frischkäse unterrühren und die Masse mit Muskat, Salz und Pfeffer würzen.

3 Den Inhalt von 1 Beutel Pizza-Teig und $^{1}/_{8}$ l lauwarmes Wasser mit den Knethaken des Handrührgerätes verkneten, bis sich der Teig vom Schüsselrand löst. Den Teig kurz mit den Händen durchkneten.

4 Eine Auflaufform (etwa 20 x 30 cm) einfetten und den Boden mit dem Teig auslegen. Den Rand 4 cm hochdrücken.

5 Zwiebelscheiben mit den Paprikastreifen vermischen und auf dem Teig verteilen. Tomatenscheiben auf dem Gemüse verteilen und alles mit dem Guss begießen.

6 Quiche im Backofen 55 Minuten backen. Inzwischen Petersilie waschen, trockentupfen und Blätter abzupfen. Quiche mit den Petersilienblättchen garnieren.
(auf dem Foto: oben)

Spinatquiche

1 Spinat und 2 EL Wasser in einen Topf geben. Bei geringer Hitze zugedeckt auftauen. Klein schneiden und abtropfen lassen.

2 Backofen auf 180 bis 200 °C (Gas: Stufe 2 bis 3) vorheizen. Geschälte Zwiebeln und Schinken in kleine Würfel schneiden.

3 Zwiebeln in einer heißen Pfanne andünsten. Spinat und fein gepresste Knoblauchzehe untermischen. Mit Muskat, Pfeffer und Salz würzen.

4 Weiterverarbeitung siehe Grundrezept Schritt 2 bis 4.

5 Spinat und Schinken auf dem Teig verteilen. Eiermilch darübergießen und die Quiche backen (siehe Grundrezept Schritt 6)
(auf dem Foto: unten)

immer eine gute Idee

ca. 80 Minuten Zubereitungszeit, davon ca. 55 Minuten Backzeit

Zum Mitnehmen

Für 24 Stücke

Hackfleischtaschen

450 g TK-Blätterteig in Scheiben
2 Zwiebeln, *gewürfelt*
1 TL Keimöl
2 TL Curry
1 TL Rosmarin, *getrocknet*
1 Beutel Fix für Hackbraten
120 ml lauwarmes Wasser *(8 EL)*
400 g Rinderhackfleisch
etwas Mehl *zum Auswellen*
1 Ei
5 EL Sonnenblumenkerne

Käsefladen

Teig:
1 Packung Pizza-Teig *(460 g)*
1/4 l lauwarme Milch oder Wasser *(250 ml)*
Füllung:
20 schwarze Oliven
4 Eier
400 g Schafskäse
2 TL Thymian, *getrocknet*
60 g Pinienkerne *(4 EL)*
Pfeffer
1 EL Keimöl

Pikantes

Hackfleischtaschen

1 Blätterteigscheiben zum Auftauen nebeneinander legen.

2 Zwiebeln, Öl, Curry und Rosmarin vermischen. In einer heißen Pfanne 3 bis 4 Minuten dünsten. Abkühlen.

3 Backofen auf 220 °C (Gas: Stufe 4) vorheizen. Fix für Hackbraten in lauwarmes Wasser einrühren. Fleisch und Zwiebeln mit den Knethaken des Handrührgerätes unterrühren.

4 Jede Blätterteigplatte auf einer mit Mehl bestäubten Arbeitsfläche zu einem Rechteck (24 x 36 cm) ausrollen. In 6 gleich große Teile schneiden. Auf jedes Teil 1/2 Esslöffel Fleischmasse geben.

5 Ei trennen. Teigränder mit Eiweiß bestreichen. Teigstücke zu einem Dreieck zusammenklappen. Ränder fest zusammendrücken. Auf ein mit Backpapier belegtes Backblech setzen. Mit einem Messer mehrmals einstechen. Eigelb und 1 Esslöffel Wasser verrühren, Taschen bestreichen. Mit Sonnenblumenkernen bestreuen. Im heißen Backofen etwa 25 Minuten backen.

Käsefladen

1 Inhalt von 2 Beuteln Pizza-Teig und lauwarme Milch mit den Knethaken des Handrührgerätes verkneten, bis sich der Teig vom Schüsselrand löst. Kurz mit den Händen durchkneten. Backofen auf 220 °C (Gas: Stufe 4) vorheizen.

2 Oliven entsteinen, grob hacken. 1 Ei trennen. Schafskäse zerbröseln. 2 Eier, Eiweiß, Oliven, Thymian und Pinienkerne untermischen. Pfeffern.

3 24 gleich große Fladen formen. Ränder etwas hochziehen. Fladen auf ein mit Backpapier belegtes Backblech setzen und füllen.

4 Füllung mit Öl beträufeln. Eigelb und 1 Eßlöffel Wasser verrühren, Teigränder bestreichen.

5 Im heißen Backofen ca. 25 Minuten backen.
(auf dem Foto)

ca. 60 Minuten Zubereitungszeit, davon ca. 25 Minuten Backzeit

Das passt dazu

Kräuterdip
200 g Magerquark, 1 kleiner Becher Jogurt (150 g), 1 gepreßte Knoblauchzehe und 1 Bund fein gehackte oder geschnittene Kräuter (z. B. Dill, Basilikum oder Schnittlauch) verrühren. Mit Pfeffer und Salz abschmecken. Den Dip 2 bis 3 Stunden durchziehen lassen.

Küchentipp

Blätterteig
Der Teig wird beim Backen luftiger, wenn Sie eine kleine feuerfeste Form mit Wasser in den Backofen stellen. Der aufsteigende Wasserdampf lässt den Blätterteig besser aufgehen.
Teigstücke vor dem Backen mehrmals einstechen, damit beim Backen die Luft entweichen kann.
Falls Sie Blätterteig nicht in Scheiben, sondern am Stück eingefroren verwenden, diesen bereits 2 bis 3 Stunden vor dem Verarbeiten bei Zimmertemperatur auftauen.

Für Gäste

Für 4 Personen

Pizza –

GRUNDREZEPT
Pizza Margherita

- **1 Packung Pizza-Teig** *(460 g)*
- **1 TL Pizzagewürz**
- **250 ml lauwarmes Wasser** *(1/4 l)*
- **1 Msp. Fett für die Form**
- **1/2 Packung Tomato al Gusto Kräuter** *(185 g)*
- **100 g Kirschtomaten,** *halbiert*
- **Jodsalz, Pfeffer**
- **200 g Mozzarella**
- **1/2 Bund Basilikum**

REZEPTVARIATION
Wunschpizza

- **Grundrezept plus:**
- **300 g TK-Blattspinat**
- **200 g Champignons**
- **1 TL Zitronensaft**
- **100 g Putenschnitzel**
- **1 TL Keimöl**
- **100 g Salami,** *gewürfelt*
- **1 große gelbe Paprikaschote** *(200 g), in feinen Streifen*
- **Pizzagewürz**
- **100 g gekochter Schinken,** *gewürfelt*

Küchentipp

Stellen Sie fest, daß beim Backen die **Abweichungen der Backzeiten** immer in eine Richtung gehen, so verkürzen oder verlängern Sie diese um eine geringe Differenz nach unten oder oben. Ist die Bräunung jeweils etwas zu stark oder zu schwach, so regulieren Sie die Temperatureinstellung etwas nach oben oder unten.

Pizza Margherita

1 Backofen auf 200 °C (Gas: Stufe 3) vorheizen. Inhalt von zwei Beuteln Pizza-Teig, Pizzagewürz und Wasser mit den Knethaken des Handrührgerätes verkneten, bis sich der Teig vom Schüsselrand löst. Kurz mit den Händen durchkneten.

2 Teig auf einer bemehlten Arbeitsfläche zu einem Rechteck (30 x 40 cm) ausrollen. Backblech einfetten und den Teig darauf legen, dabei einen kleinen Rand andrücken. Tomato al Gusto auf dem Teig verstreichen. Mit Tomatenhälften belegen, pfeffern und salzen. Mozzarella zerpflücken und auf der Pizza verteilen.

3 Im heißen Backofen 25 bis 30 Minuten backen. Mit den Basilikumblättchen garniert anrichten.

Wunschpizza

1 Spinat auftauen, etwas klein schneiden, abtropfen lassen. Mit Pfeffer und Salz würzen. Vorbereitete Pilze in Scheiben schneiden. Mit Zitronensaft vermischen. Fleisch in Streifen schneiden, mit wenig Öl marinieren.

2 Weiterverarbeitung siehe Schritt 1 im Grundrezept.

3 2 runde Backbleche (Ø 26 cm) einfetteten. Teig halbieren, rund ausrollen. Bleche mit Teig belegen. Mit Tomato al Gusto bestreichen.

4 Ein Backblech jeweils zur Hälfte mit Salami und Tomatenhälften und mit Paprika und Fleisch belegen. Pizzagewürz darüberstreuen.

5 Zweites Backblech jeweils zur Hälfte mit Blattspinat und mit Champignons und Schinken belegen.

6 Mozzarella auf den Pizzen verteilen, nacheinander backen, siehe Grundrezept Schritt 3.
(auf dem Foto)

Welthit aus Neapel

ca. 40 Minuten Zubereitungszeit, davon ca. 30 Minuten Backzeit

Variationen

Auf Partys sehr beliebt ist die Mini-Pizza. Den Pizza-Teig oder Blätterteig dünn ausrollen, kleine Kreise von etwa 8 cm Durchmesser ausstechen. Das geht gut mit einem Trinkglas passender Größe. Wie Pizza belegen, backen und zum Aus-der-Hand-Essen servieren.

Küchentipp

Im Umluftherd können mehrere runde Pizzen gleichzeitig gebacken werden.

Küchentipp

Das restliche Tomato al Gusto in ein kleines Gefäß umfüllen und zugedeckt im Kühlschrank aufbewahren. Innerhalb von 3 Tagen verbrauchen.

Zum Mitnehmen

Für 8 Stücke

Pikante-

GRUNDREZEPT
Flammkuchen

1 Packung Pizza-Teig *(460 g)*
125 ml lauwarme Milch oder Wasser *(1/8 l)*
3–4 große Zwiebeln *(300 g)*
100 g Schinkenspeck
1 EL Keimöl
etwas Fett für das Blech
100 g Schmand oder Crème fraîche
1/2 TL Kümmel, *gemahlen*
Pfeffer

REZEPTVARIATION
Apfel-Zwiebel-Kuchen

Grundrezept mit nur 150 g Zwiebeln
plus:
1–2 Äpfel *(150 g)*

REZEPTVARIATION
Herzhafter Lauchkuchen

Grundrezept ohne Zwiebeln, Schinkenspeck und Schmand
plus:
3–4 Stangen Lauch *(500 g)*
150 g Fleischkäse
Muskat
Jodsalz
1 Msp. Sambal olek

Variationen

Zwiebeln austauschen gegen:

- gebratene Pilzscheiben
- blanchiertes, abgetropftes Gemüse, mit geriebenem Käse bestreut
- Sauerkraut

Speck austauschen gegen:

- Käsewürfel oder geriebenen Käse
- gekochtes Geflügelfleisch

Flammkuchen

1 Inhalt von 1 Beutel Pizza-Teig und lauwarme Milch mit den Knethaken des Handrührgerätes verkneten, bis sich der Teig vom Schüsselrand löst. Teig kurz mit den Händen durchkneten. Backofen auf 220 °C (Gas: Stufe 4) vorheizen.

2 Zwiebeln schälen und halbieren (1). Jede Hälfte erst längs (2), dann quer in kurzen Abständen einschneiden (3). Dann Zwiebelhälften in feine Würfel schneiden (4) Schinkenspeck in kleine Würfel schneiden. Zwiebeln in einer großen Pfanne in heißem Öl 3 bis 4 Minuten braten.

3 Teig auf einer bemehlten Arbeitsfläche zu einem Rechteck (30 x 40 cm) ausrollen. Auf ein gefettetes Backblech legen. Schmand darauf verstreichen. Zwiebeln, Speck und Kümmel vermischen. Mit Pfeffer würzen und auf dem Teig verteilen.

4 Im heißen Backofen 25 bis 30 Minuten backen.
(auf dem großen Foto)

Apfel-Zwiebel-Kuchen

1 Äpfel schälen, vom Kerngehäuse befreien. In dünne Spalten oder Scheiben schneiden.

2 Vom Grundrezept Schritt 1 bis 4 zubereiten. Vor dem Belegen Äpfel unter die Zwiebeln mischen.

Herzhafter Lauchkuchen

1 Vorbereiteten Lauch in 2 cm breite Stücke, Fleischkäse in kleine Würfel schneiden. Lauch tropfnass in den Topf geben. Mit Muskat, Pfeffer und Salz würzen. Zugedeckt bei mittlerer Hitze aufheizen, bei schwacher Hitze 5 bis 6 Minuten dünsten. Abtropfen lassen.

2 Vom Grundrezept Schritt 1 zubereiten. Lauch, Fleischkäse, Sambal und Sojasauce vermischen. Auf dem Teig verteilen und backen (siehe Grundrezept Schritt 4).

Schnelltipp

Der Kuchen lässt sich leicht **vom Backblech lösen**, wenn es nach dem Backen 1 Minute auf einen kalten Steinboden gestellt wird.

Kuchen vom Blech

ca. 50 Minuten Zubereitungszeit, davon 25 bis 30 Min. Backzeit

1

2

3

4

Für Gäste

Für 4 Personen

Pasta

GRUNDREZEPT
Spaghetti „Pomodoro"
4 l Wasser
1 TL Keimöl
Jodsalz
400 g Spaghetti
1 Zwiebel, *fein gewürfelt*
1 EL Olivenöl extra virgen
1 Packung Tomato al Gusto Knoblauch *(Einwaage 370 g)*

REZEPTVARIATION
Spaghetti „Gorgonzola"
Grundrezept ohne Tomato al Gusto Knoblauch und Olivenöl plus:
2 Beutel Spaghetteria Käsesauce Quattro Formaggi
500 ml Wasser *(1/2 l)*
100 g Gorgonzola
3 EL Sahne

REZEPTVARIATION
Spaghetti „Bolognese"
Grundrezept ohne Tomato al Gusto Knoblauch und Olivenöl plus:
2 Möhren *(100 g)*
2 Stangen Staudensellerie *(100 g)*
200 g Hackfleisch, *gemischt*
250 ml Wasser *(1/4 l)*
1 Beutel Fix für Spaghetti Bolognese

REZEPTVARIATION
Spaghetti „al Pesto"
Grundrezept ohne Tomato al Gusto Knoblauch plus:
2 Bund Basilikum
2 Knoblauchzehen
2 EL Pinienkerne
3 EL Parmesankäse, *gerieben*
5 EL Olivenöl extra virgen

Spaghetti „Pomodoro"

1 4 l Wasser und Keimöl zum Kochen bringen. Spaghetti und 2 Teelöffel Salz zugeben, umrühren und die Nudeln in etwa 8 Minuten bissfest garen. Spaghetti in ein Sieb abgießen.

2 Zwiebelwürfel und die Hälfte des Öls vermischen. In einem Topf erhitzen. Bei mittlerer Hitze andünsten. Tomato al Gusto zugeben und aufkochen. Bei schwacher Hitze 3 bis 4 Minuten kochen.

3 Spaghetti mit der Sauce mischen. Das Ganze auf Tellern anrichten und zuletzt mit dem restlichen Olivenöl beträufeln.
(auf dem Foto: links)

Spaghetti „Gorgonzola"

1 Spaghetti zubereiten, siehe Grundrezept Schritt 1.

2 Beutelinhalt der Käsesauce in kaltes Wasser einrühren und unter Rühren aufkochen. Bei schwacher Hitze 2 Minuten kochen. Gorgonzola etwas klein schneiden und einrühren. Sahne unterrühren.

3 Sauce und Spaghetti vermischen.
(auf dem Foto: oben)

Spaghetti „Bolognese"

1 Spaghetti zubereiten, siehe Grundrezept Schritt 1.

2 Gemüse vorbereiten. Die Möhren in feine Würfel, den Sellerie in feine Scheiben schneiden.

3 Hackfleisch in einer heißen Pfanne anbraten. Zwiebel und Gemüse untermischen und andünsten. Wasser zugießen, Fix für Spaghetti Bolognese einrühren und aufkochen. Das Ganze bei schwacher Hitze 6 bis 8 Minuten kochen.

4 Sauce und Spaghetti vermischen.
(auf dem Foto: rechts)

Spaghetti al Pesto

1 Spaghetti zubereiten, siehe Grundrezept Schritt 1.

2 Gewaschene, trockengetupfte Basilikumblätter grob schneiden. Geschälten Knoblauch und Pinienkerne hacken.

mit klassischen Saucen

ca. 25 Minuten Zubereitungszeit

3 Basilikum, Pinienkerne, Knoblauch und geriebenen Käse mit dem Pürierstab oder im elektrischen Mixgerät fein pürieren. Öl nach und nach dazugeben. Etwas salzen.

4 Sauce und Spaghetti vermischen.
(auf dem Foto: unten)

Küchentipp

Fertiges Pesto (im Glas) kaufen. Mit etwas Nudelwasser verdünnen. Fertiges Pesto gibt es in guter Qualität auch offen in Feinkostgeschäften und auf Wochenmärkten.

Geht schnell

Für 6 Personen

Chili con Carne

GRUNDREZEPT
Chili con Carne
- **3 gr. Zwiebeln** *(250 g)*
- **500 g Hackfleisch,** *gemischt*
- **600 ml kaltes Wasser**
- **2 Beutel Fix für Chili con Carne**
- **2 Dosen Kidney-Bohnen** *(Einwaage je 425 g)*
- **2 Fleischtomaten** *(400 g)*
- **2 Zweige frischer Oregano**

GRUNDREZEPT
Knoblauchbrot
- **1 kleine Stange Baguette**
- **½ Würfel Kräuterlinge Petersilie-Knoblauch**
- **1 TL heißes Wasser**
- **75 g weiche Butter**

REZEPTVARIATION
Kräuter-Käse-Brot
- **Grundrezept Knoblauchbrot plus:**
- **75 g mittelalter Gouda,** *gerieben*

Küchentipp

Tomaten häuten
Wasser aufkochen. Strunk von den Tomaten entfernen. An der Oberseite die Haut mit einem Messer kreuzweise einritzen.
In ein Drahtkörbchen geben und etwa ½ Minute in kochendes Wasser eintauchen. Vollreife Tomaten nur ein paar Sekunden eintauchen. Tomaten kurz in Eiswasser abkühlen, damit Sie ihre kräftige Farbe behalten.
Haut abziehen. Laut Rezeptangabe in Achtel, Würfel oder Scheiben schneiden.

Chili con Carne

1 Zwiebeln schälen, in kleine Würfel schneiden. Einen zum fettarmen Braten geeigneten Topf bei mittlerer Hitze aufheizen. Darin das Hackfleisch krümelig braten. Zwiebelwürfel zugeben und 3 bis 4 Minuten braten. Ab und zu umrühren.

2 Kaltes Wasser angießen, Inhalt beider Beutel Fix für Chili con Carne einrühren. Unter Rühren aufkochen. Bohnen abtropfen lassen und untermischen. Chili aufkochen und bei schwacher Hitze 6 bis 8 Minuten garen.

3 Tomaten häuten. In Achtel schneiden, zum Chili geben und erwärmen. Mit Oreganoblättchen anrichten.
(auf dem Foto: Mitte)

Knoblauchbrot

1 Baguette im Abstand von 1½ cm tief einschneiden. ½ Würfel Kräuterlinge in 1 Teelöffel heißem Wasser auflösen und gleichmäßig unter die Butter rühren.

2 Grill vorheizen. Kräuterbutter in die Broteinschnitte streichen. Auf Alufolie etwa 15 Minuten unter dem heißen Grill backen.
(auf dem Foto: oben links)

Kräuter-Käse-Brot

1 Grundrezept Knoblauchbrot Schritt 1 und 2 zubereiten.

2 Geriebenen Käse unter die Kräuterbutter rühren.

Weiterverarbeitung siehe Grundrezept Schritt 3
(auf dem Foto: oben rechts)

Variationen

Bereiten Sie das Chili z. B. mit den folgenden Zutaten zu:
- 50 g roten Linsen und etwas Rotwein
- geschnetzeltem Rind-, Schweine- oder Lammfleisch anstelle des Hackfleischs
- gelbe, rote und grüne Paprikawürfel mit den Zwiebeln andünsten

Chili abschmecken z. B. mit
- Maiskörnern
- fein gehackter Chilischote
- Cayennepfeffer
- Crème fraîche
- fein gehacktem oder gepresstem Knoblauch

mit Knoblauchlauchbrot

ca. 35 Minuten Zubereitungszeit

Für Gäste

Für 4 Personen

Kurzgebratenes

GRUNDREZEPT

Steaks mit Kartoffelhaube

4 Filetsteaks vom Rind, *je 1 1/2 cm dick, (je 100 g)*
Jodsalz, Pfeffer
1 Packung Rösti-Frische-Pack für 2 Portionen
100 g saure Sahne, *10 % Fett*
50 g Schmand oder Crème fraîche
50 g geriebener Käse
Muskat

REZEPTVARIATION

Steaks mit Kartoffel-Gemüse-Kruste

Grundrezept plus:
2 kleine Zucchini *(150 g)*
3 kleine Möhren *(150 g)*

Steaks mit Kartoffelhaube

1 Backofen auf 220 °C (Gas: Stufe 3 bis 4) vorheizen. Eine zum fettarmen Braten geeignete Pfanne bei mittlerer Hitze aufheizen. Vorbereitete Steaks mit Küchenpapier trockentupfen. Steaks in die Pfanne legen, mit dem Bratenwender leicht andrücken (1) und 1/2 Minute kräftig anbraten. Nach kurzer Zeit löst sich das Fleisch bereits leicht vom Pfannenboden. Wenden (2) und auf der anderen Seite 1/2 Minute braten (3)

2 Steaks auf eine feuerfeste Platte legen, salzen und pfeffern.

3 Inhalt der Rösti-Packung in eine Schüssel einfüllen. Saure Sahne, Schmand und Käse unterrühren. Mit Muskat, Pfeffer und Salz würzen.

4 Jeweils 1/4 der Kartoffelmasse auf einem Steak verteilen. Im vorgeheizten Backofen etwa 25 Minuten backen.
(auf dem großen Foto)

Steaks mit Kartoffel-Gemüse-Kruste

1 Vorbereitetes Gemüse grob raspeln.

2 Grundrezept Schritt 1 bis 3 zubereiten. Steaks in eine Auflaufform (25 x 35 cm) legen. Geraspeltes Gemüse unter die Kartoffelmasse geben.

3 Kartoffelmasse so auf den Steaks verteilen, dass die Lage der darunter liegenden Steaks gut ersichtlich ist. Im vorgeheizten Backofen 55 bis 60 Minuten goldgelb backen.

Küchentipp

In speziellen Pfannen, z. B. AMC-Kochgeschirren, können Sie auch ohne Fett braten. Warten Sie mit dem Wenden, bis sich das Fleisch leicht vom Pfannenboden löst. Verwenden Sie dazu auf keinen Fall eine Fleischgabel. Die angegebene Garzeit gilt für rosa gebratene Steaks. Wer sie gut durchgebraten möchte, verlängert die Garzeit auf 30 Minuten.
Für ca. 2 cm dicke Steaks, die in der Pfanne gebraten werden, gelten folgende Garzeiten:

- blutig (rare): 4 Minuten
- rosa (medium): 6–7 Minuten
- durchgebraten (well done): 10 Minuten

Menüvorschlag

Gemüsepfanne auf italienische Art (S. 20)
oder
Kartoffelsuppe mit Räucherfisch (S. 42)
Steaks mit Kartoffelhaube (rechts)
Gemüse der Saison (S. 76)
Zitronencreme mit Beeren (S. 88)
oder
Tiramisu (S. 88)

Fleisch

1

2

3

ca. 30 Minuten Zubereitungszeit, davon ca. 25 Minuten Backzeit

Küchentipp

Garprobe

Drücken Sie kurz mit einem Löffel auf das Steak.

- Druckstelle weich: das Steak ist fast roh.
- Druckstelle federt: der Kern ist noch blutig.
- Eindruck noch möglich: der Kern ist rosa gebraten.
- Eindruck schwer möglich: der Kern ist durchgebraten.

Gebratene, gewürzte Steaks auf der ausgeschalteten Herdplatte 1 bis 2 Minuten ruhen lassen.

Zu Fleischgerichten

Für 4 Personen

Beilagen machen

Gemüse der Saison

1 kg Gemüse der Saison,
z. B. 1–2 Broccoli (300 g),
6 kleine, schlanke Möhren (300 g)
2 Knollen Fenchel (400 g)
Muskat
Jodsalz, Pfeffer
1 EL gehackte Petersilie
2 TL Olivenöl extra virgen

Reistürmchen

450 ml kaltes Wasser
1 Beutel Rizi Bizi Steinpilz Käse Reis
300 g TK-Erbsen
1 TL Zitronensaft
2 EL gehacktes Basilikum
(frisch oder TK)
etwas Fett für die Förmchen

Kartoffelknödel

1 Packung Kartoffelknödel
(für 8 Knödel)
500 ml Wasser *(1/2 l)*
2 l Wasser zum Garen
Jodsalz, Pfeffer

Gemüse der Saison

1 Gemüse putzen und waschen. Broccoli in Röschen teilen. Broccolistiele und Möhren in 3 bis 4 cm lange, schräge Stücke schneiden. Fenchelknollen halbieren.

2 Gemüse tropfnass nebeneinander in einen Topf einfüllen und mit etwas Muskat würzen. Zugedeckt bei mittlerer Hitze aufheizen. Bei schwacher Hitze 12 bis 15 Minuten dünsten.

3 Gemüse mit Salz und Pfeffer abschmecken. Mit der gehackten Petersilie bestreuen und mit etwas Olivenöl beträufeln.
(auf dem Foto oben)

Reistürmchen

1 Kaltes Wasser abmessen, Rizi Bizi einrühren und aufkochen. Gefrorene Erbsen zugeben und erneut aufkochen. Im geöffneten Topf etwa 5 Minuten bei schwacher Hitze garen. Ab und zu umrühren.

2 Risotto mit Zitronensaft und Basilikum feinwürzig abschmecken.

3 4 Tassen einfetten. Risotto einfüllen, fest andrücken und auf eine vorgewärmte Platte stürzen.
(auf dem Foto unten)

Kartoffelknödel

1 Knödelteig laut Herstelleranweisung zubereiten.

2 Mit angefeuchteten Händen 8 Knödel formen, in kochendes Salzwasser legen und bei schwacher Hitze 20 Minuten garen.
(auf dem Foto unten)

Verfeinern

Knackig gegartes Gemüse hat viel eigenes Aroma und benötigt kaum zusätzliche Gewürze. Wenig bewirkt häufig schon sehr viel, z. B:

- gehackte Kräuter
- geröstete Semmelbrösel
- geröstete Pinien- oder Sonnenblumenkerne
- ein paar Tropfen Olivenöl extra virgen
- Jogurt mit Kräutern und evtl. etwas Knoblauch

Küchentipp

Weitere Zubereitungsmöglichkeiten

Gemüse im eigenen Saft dünsten
Einen breiten Topf verwenden. Tropfnasses Gemüse nebeneinander einfüllen. Evtl. mit etwas Muskat würzen. Zugedeckt bei mittlerer Hitze aufkochen und bei schwacher Hitze dünsten.

Gemüse andünsten
Zwiebel in einem aufgeheizten Topf bei mittlerer Hitze glasig dünsten (evtl. etwas Öl verwenden). Gemüse zugeben und andünsten. Würzen und zugedeckt bei schwacher Hitze dünsten.

Gemüse blanchieren
Gemüse in kochendem Salzwasser blanchieren. In eiskaltem Wasser kurz abkühlen.

das **M***enue komplett*

ca. 30 Minuten Zubereitungszeit

Mediterran

Für 6 Personen

K*alte*

Griechische Vorspeisenplatte

350 g Schafskäse
2 EL Olivenöl extra virgen
1 unbehandelte Zitrone
je 2 rote und gelbe Paprikaschoten *(je 300 g)*
2–3 Knoblauchzehen
1–2 EL Weißweinessig
Jodsalz, Pfeffer
200 g gefüllte Weinblätter *(Dolmádakia)*
frische Lorbeerblätter *(ersatzweise 2–3 Rosmarin- oder Thymianzweigchen)*

Auberginendip

2 Auberginen *(600 g)*
2 TL Olivenöl extra virgen
1 Knoblauchzehe, *fein gehackt*
2 EL Vollmilchjoghurt
1–2 EL Zitronensaft
2 TL Pfefferminze, *gehackt*
Jodsalz, Pfeffer

Mozzarellaminis

300 g kleine Mozzarella-Kugeln
3 Knoblauchzehen
1 Zweig Rosmarin
3 EL Rotweinessig
1/4 l Olivenöl extra virgen

Küchentipp

Zum Dippen mit dünnen Fladen (Nannak, in türkischen Geschäften), Gemüsestängchen oder Grissini anrichten.

Griechische Vorspeisenplatte

1 Schafskäse in 1 1/2–2 cm große Würfel schneiden. 1 Esslöffel Olivenöl und den Saft von 1/2 Zitrone verquirlen, den Käse damit marinieren. Die zweite Zitronenhälfte in hauchdünne Scheiben schneiden.

2 Paprikaschoten waschen, halbieren und entkernen. Das Fruchtfleisch der Länge nach in 2 1/2 cm große Spalten, geschälte Knoblauchzehen in feine Scheiben schneiden. Paprika mit dem Knoblauch und 1 Esslöffel Öl vermischen. In eine aufgeheizte Pfanne geben und bei schwacher Hitze in 8 bis 10 Minuten hellbraun braten. Nun mit Weinessig beträufeln, salzen und pfeffern.

3 Paprika, gefüllte Weinblätter und den marinierten Schafskäse mit Zitronenscheiben und Lorbeerblättern auf einer Platte anrichten.
(auf dem Foto)

Auberginendip

1 Backofen auf 200 °C (Gas: Stufe 3) vorheizen. Auberginen waschen und den Stengelansatz entfernen. Auberginen der Länge nach halbieren, die Schnittflächen mit etwas Öl bestreichen. Mit der Schnittfläche nach oben auf ein mit Backpapier belegtes Backblech setzen und etwa 30 Minuten backen.

2 Die fertig gegarten Auberginen aushöhlen. Auberginenfleisch mit Öl, Knoblauch, Jogurt und Zitronensaft mit dem elektrischen Pürierstab oder im Mixer pürieren. Den Dip mit Minze, Salz und Pfeffer abschmecken.

Mozzarellaminis

1 Mozzarella-Kugeln in ein verschließbares Glas geben.

2 Knoblauchzehen schälen und mit dem Rosmarinzweig dazugeben.

3 Essig und Öl vermischen und über den Käse gießen. Mindestens 3 Stunden, besser über Nacht ziehen lassen.

Vorspeisenplatte ca. 25 Minuten Zubereitungszeit

Auberginen, auch Eierfrüchte genannt, spielen in der Küche aller Mittelmeerländer eine große Rolle. Man kann sie in Scheiben schneiden und gebraten in Marinade einlegen oder mit Hackfleisch füllen.

Auberginen werden niemals roh gegessen. Da sie leicht bitter schmecken, schneidet man sie vor der Verwendung meist in Scheiben oder Würfel, bestreut sie mit Salz und läßt sie einige Minuten ziehen. Mit dem austretenden Wasser werden die meisten Bitterstoffe ausgeschwemmt.

Für die Gartenparty

Für 8 Personen

Grillen –

Gyrosspieße
- **2 kleine Zwiebeln**
- **1 rote Paprikaschote** *(180 g)*
- **20 kleine, dünne Scheiben Schweineschnitzel** *(1 kg)*
- **Jodsalz, Pfeffer**
- **2 Knoblauchzehen**
- **3 EL Olivenöl extra virgen**
- **1 EL Aceto Balsamico** *(ersatzweise Weinessig)*
- **1 TL Senf,** *mittelscharf*
- **1/2 TL Paprika,** *edelsüß*
- **1/2 TL Majoran,** *gehackt*
- **1 TL Basilikum,** *getrocknet*

Fischpäckchen
- **2 Knollen Fenchel** *(400 g)*
- **400 g Champignons**
- **2 EL Zitronensaft**
- **2 TL Olivenöl extra virgen**
- **500 ml Wasser** *(1/2 l)*
- **2 Beutel Gemüseküche Fix für Ratatouille**
- **8 Stücke extrastarke Alufolie (je 30 x 40 cm)**
- **8 Fischfilets,** *frisch oder TK (je 150 g)*
- **Jodsalz, Pfeffer**
- **8 Zitronenscheiben**

Gefüllte Schnitzel
- **120 g Butterkäse**
- **2 Tomaten,** *schnittfest (220 g)*
- **1 Würfel Kräuterlinge Basilikum**
- **2 EL heißes Wasser**
- **4 gestr. EL Semmelbrösel**
- **8 Putenschnitzel** *mit Tasche, vom Metzger eingeschnitten (je 150 g)*
- **Jodsalz, Pfeffer**
- **1 EL Keimöl**
- **1 Stück extrastarke Alufolie**

Gyrosspieße

1 Zwiebeln schälen, Paprikaschote waschen und entkernen. Beides in feine Streifen schneiden.

2 Schnitzel mit Küchenpapier trockentupfen, nebeneinander auf ein Brett legen, der Länge nach durchschneiden, salzen und pfeffern. Paprika- und Zwiebelstreifen quer auf die Fleischstreifen legen und diese zu Röllchen zusammenrollen. Auf 8 Spieße jeweils 5 Röllchen aufspießen.

3 Zerdrückte Knoblauchzehen mit Öl, Essig, Senf, Paprika und Kräutern zu einer Marinade verrühren. Die Gyrosspieße mit der Marinade bestreichen und etwa 2 Stunden kühl gestellt marinieren. Ab und zu wenden. Die Spieße 18 bis 20 Minuten grillen.

Fischpäckchen

1 Fenchelknollen putzen, waschen und in feine Streifen schneiden. Pilze waschen, putzen und in Scheiben schneiden. Pilze und 1 Esslöffel Zitronensaft vermischen. Fenchelgrün hacken. Pilze in wenig Öl braten, bis die Flüssigkeit verdampft ist.

2 Fenchel in 1 Teelöffel Öl in einem Topf 2 Minuten andünsten. Wasser zugießen, Fix für Ratatouille einrühren, aufkochen und zugedeckt 10 Minuten bei schwacher Hitze garen. Pilze untermischen.

3 Folienstücke mit wenig Öl einfetten. Fischfilets waschen, trockentupfen, mit Zitronensaft beträufeln, salzen und pfeffern. Jeweils 1 Fischfilet auf 1 Folie legen, etwas Gemüse auf eine Hälfte verteilen, die andere Fischhälfte darüberklappen. Mit 1 Zitronenscheibe belegen. Folienstücke zu Päckchen verschließen. 15 bis 20 Minuten auf dem Grill garen.

4 Die Päckchen öffnen. Mit dem Fenchelgrün bestreuen und mit dem restlichen Öl beträufeln.

Gefüllte Schnitzel

1 Käse und Tomaten fein würfeln. Den Würfel Kräuterlinge in 2 Esslöffel heißem Wasser auflösen. Mit Käse,

Sommerspaß mit Gästen

Tomaten und Semmelbröseln vermischen.

2 Die Außenseite der Schnitzel salzen und pfeffern. Schnitzel füllen. Die Öffnungen mit Zahnstochern verschließen.

3 Die Schnitzel mit Öl bestreichen. Alufolie auf den heißen Grill legen, die Schnitzel darauf legen und von jeder Seite 8 bis 10 Minuten grillen.

(alles auf dem Foto)

Am Tag vorher zubereiten

Für 4 Personen

F*ür die*

G R U N D R E Z E P T

Sherryhuhn

- **1 küchenfertiges Hähnchen** *(1,2 kg)*
- **1 EL Keimöl**
- **1 TL Curry**
- **Jodsalz, Pfeffer**
- **150 ml Wasser**
- **$^1/_2$ TL Kräuterbouillon**
- **1 große Stange Lauch** *(200 g)*
- **3 EL Sherry,** *medium*
- **1 EL Sojasauce**

R E Z E P T V A R I A T I O N

Sherryhuhn mit Pilzen

Grundrezept plus:

- **200 g Champignons**
- **1 EL Zitronensaft**
- **1 TL Keimöl**

Sherryhuhn

1 Hähnchen am Rückgrat entlang halbieren, das Rückgrat entfernen. Hähnchenhälften waschen und mit Küchenpapier trocknen. Einen Topf (Ø 24 cm) bei mittlerer Hitze aufheizen.

2 Öl, Curry, Pfeffer und Salz verrühren. Hähnchen damit bestreichen und mit der Hautseite nach unten in den aufgeheizten Topf legen. 2 Minuten anbraten, nach 1 Minute wenden. Zugedeckt 25 Minuten bei schwacher Hitze schmoren. Wasser und Kräuterbouillon dazugeben und aufkochen. Hähnchen abkühlen lassen.

3 Lauch putzen, waschen und in 2 cm breite, schräge Stücke schneiden. Tropfnass in einen Topf geben. Zugedeckt bei mittlerer Hitze aufheizen. Hitze reduzieren und bei schwacher Hitze etwa 5 Minuten garen. Hähnchenfond, Sherry und Sojasauce untermischen.

4 Hähnchen von Haut und Knochen befreien. Das Fleisch in mundgerechte Stücke schneiden und unter den Lauch mischen. Mit Salz und Pfeffer abschmecken, kühl stellen. Am besten über Nacht durchziehen lassen. *(auf dem Foto)*

Party ohne Stress

Die Gastgeber sorgen für den Platz (Garten, Garage, Keller etc.), das Geschirr, Besteck und die Gläser, die Dekoration , die Musik und die Getränke. Jeder Gast bringt ein Gericht mit, das zuvor mit dem Gastgeber abgesprochen wird. So entsteht ein reichhaltiges Buffet. Und das Ganze mit viel Spaß – und ohne Stress.

Damit die Party ein voller Erfolg wird

- Empfangen Sie die Gäste mit einem Getränk. (Alkoholfreies nicht vergessen!)
- Markieren Sie die Gläser. Das ist vor allem bei einer Steh- oder Gartenparty gefragt, damit jeder Gast sein Glas wiederfinden kann. Z.B. bunte Aufkleber, aufgeklebte Namensschildchen, unterschiedliche Cocktailrührer aus Plastik oder mit Schleifen für Stielgläser dienen als Orientierungshilfe.
- Sorgen Sie für einen Vorrat an Eiswürfeln. Er kann bis zum Fest im Tiefkühlgerät gelagert werden.
- Auch bunte Eiswürfel aus Fruchtsaft sind beliebt.
- Wichtig bei heißem Wetter: Trockeneis gibt es im Fachhandel ab 5 kg. In eine Wanne geben und die Flaschen zum Kühlen hineinstellen. Auch Fleischplatten, Salat- oder Dessert-Schüsseln lassen sich gut auf Trockeneis anrichten.
- Bestellen Sie das Brot rechtzeitig beim Bäcker. Wie wäre es mal mit einem Vollkorn-Baguette oder einem Wagenrad mit Sonnenblumenkernen, Mohn oder Sesam?

Mitbringparty

Sherryhuhn mit Pilzen

1 Grundrezept wie beschrieben zubereiten.

2 Vorbereitete Pilze vierteln, mit Zitronensaft vermischen. In heißem Öl bei starker Hitze unter ständigem Wenden braten. Zusätzlich unter das Sherryhuhn geben.

Küchentipp

Ideen für ein kaltes Buffet

Alle Rezeptideen finden Sie in diesem Buch. Verteilen Sie die Rezepte einfach so auf Ihre Gäste, dass jeder Gast ein Gericht mitbringt, zum Beispiel

- Kartoffelsalat (S. 84)
- Tortellini-Sellerie-Salat (S. 86)
- Hackfleischspießchen (S. 24)
- Hackfleischbällchen (S. 24)
- Herzhafter Lauchkuchen (S. 66)
- Gemüsepfanne auf italienische Art (S. 20)
- Hackfleischtaschen (S. 62)
- Käsefladen (S. 62)
- Obstsalat (S. 90)
- Tiramisu (S. 88)

Wer auch ein warmes Gericht anbieten möchte, bereitet z.B. eine Hackfleisch-Gemüse-Lasagne oder Pizza vor und schiebt diese, wenn die Gäste kommen, in den Backofen.

ca. 5 3/4 Stunden Zubereitungszeit, davon 5 Stunden durchziehen

Zum Mitnehmen

Für 2 Personen

Kartoffelsalat –

GRUNDREZEPT

Kartoffelsalat mit Radieschen

600 g Salatkartoffeln *einer festkochenden Sorte*
1 Ei
1 Bd. Radieschen *(250 g)*
½ Zwiebel
2 EL Weinessig
1 EL Keimöl
1 TL Senf, *mittelscharf*
Jodsalz, Pfeffer
200 ml Kräuter-Bouillon
4 EL Schnittlauchröllchen
(frisch oder TK)

REZEPTVARIATION

Kartoffel-Gurken-Salat

Grundrezept ohne Radieschen
plus:
1 kleine Salatgurke *(250 g)*

REZEPTVARIATION

Kartoffelsalat mit Käse

Grundrezept plus:
100 g Gouda *am Stück*

Küchentipp

Salatmarinade – einfach schütteln

Für die Zubereitung der Salatmarinade gibt es einen Trick: Sämtliche Zutaten in ein Glas mit Schraubverschluß einfüllen. Zuschrauben und kräftig schütteln.

Kartoffelsalat mit Radieschen

1 Die Kartoffeln waschen und in einen Topf geben. So viel Wasser dazugeben, dass der Boden bedeckt ist. Zugedeckt bei mittlerer Hitze aufkochen und bei schwacher Hitze, je nach Kartoffelgröße, etwa 30 Minuten garen. Etwas abkühlen lassen.

2 Inzwischen das Ei 10 Minuten hart kochen. Radieschen putzen, waschen und in Scheiben schneiden. Die Zwiebel schälen und in feine Würfel schneiden.

3 Das Ei unter kaltem Wasser abschrecken und schälen. Im Eischneider für Scheiben einmal der Länge nach in Scheiben und einmal quer in Würfel schneiden. Essig, Öl, den Senf, etwas Salz und Pfeffer sowie die warmen Eiwürfel miteinander verrühren.

4 Kartoffeln pellen und in dünne Scheiben schneiden. Die Bouillon erhitzen und über die Kartoffelscheiben gießen.

5 Radieschen, Marinade und Schnittlauch mit den Kartoffelscheiben gut vermischen. Mit Salz und Pfeffer abschmecken.

6 Kartoffelsalat 1 bis 2 Stunden kühl stellen. Vor dem Servieren evtl. erneut mit etwas Essig, Pfeffer oder Salz nachwürzen.
(auf dem Foto)

Kartoffel-Gurken-Salat

1 Grundrezept ohne Radieschen zubereiten.

2 Gurke schälen, der Länge nach halbieren, entkernen und in feine Scheiben schneiden. Unter den Kartoffelsalat mischen.

Kartoffelsalat mit Käse

1 Grundrezept mit Radieschen zubereiten.

2 Käse in kleine Würfel schneiden. Unter den Salat mischen.

Verfeinern

Salat mit 1 Teelöffel Meerrettich abschmecken.

der Dauerbrenner

ca. 45 Minuten Zubereitungszeit plus 1–2 Stunden Durchziehen

Küchentipp

Unsere Salatrezepte sind auf 2 Portionen abgestimmt. Falls mehr Gäste erwartet werden, einfach Zutatenmenge entsprechend erhöhen.

Küchentipp

Kartoffelsalat mit Gurken sollte man nicht auf Vorrat zubereiten, da die Gurken viel Wasser ziehen. Kartoffelsalat mit Gurken deshalb nur kurz ziehen lassen und servieren.

Kartoffelsorte und Gericht müssen zusammenpassen

Mehlig kochende Sorten verwendet man z. B. für:
- Kartoffelpüree
- Kartoffelteige
- Suppen
- Klöße
- Eintöpfe

Vorwiegend fest kochende Sorten verwendet man z. B. für:
- Pell- oder Salzkartoffeln
- Bratkartoffeln

Fest kochende Sorten (sog. Salatkartoffeln) verwendet man z. B. für:
- Kartoffelsalate

Variationen

Weitere Ideen zum Abwandeln
- geraspelte Möhren und Kapern
- Gartenkresse
- zarte Rucolablättchen
- klein geschnittenes Sauerkraut und gewürfelte Gewürzgurken
- kleine Räucherfischstücke
- Schinkenwürfel
- Würstchenscheiben

Zum Mitnehmen

Für 2 Portionen

Nudelsalat-

GRUNDREZEPT
Tortellinisalat mit Mortadella
1 $^1/_2$ l Wasser
1 EL Keimöl
Jodsalz
150 g Tortellini
75 g Cocktailtomaten
50 g Mortadella
50 g Mozzarella
8–10 schwarze Oliven
200 g Jogurt
1–2 EL Zitronensaft *(ersatzweise Weinessig)*
3 EL gehackte Kräuter *(z.B. Basilikum, Dill oder Petersilie)*
1 kleiner Apfel *(125 g)*
Pfeffer

REZEPTVARIATION
Tortellini-Sellerie-Salat
Grundrezept ohne Mozzarella
plus:
2 Stengel Staudensellerie *(100 g)*
50 g Emmentaler

REZEPTVARIATION
Tortellini-Schinken-Salat
Grundrezept ohne Mortadella
plus:
150 g TK-Erbsen
50 g gekochter Schinken

Küchentipp

Ist die Konsistenz nach dem Durchziehen zu fest geworden, noch etwas Mineralwasser oder Jogurt unter den Salat geben.

Tortellinisalat mit Mortadella

1 Wasser mit etwas Öl aufkochen. 1 Teelöffel Salz und Tortellini zugeben, umrühren, erneut aufkochen und nach Packungsanweisung „al dente" kochen

2 Inzwischen Tomaten waschen und halbieren. Wurst und Käse in dünne, $^1/_2$ cm breite Streifen schneiden. Oliven evtl. entsteinen.

3 Jogurt, Zitronensaft, Öl und Kräuter verrühren. Apfel schälen, vom Kerngehäuse befreien, in feine Würfel schneiden, sofort unter die Marinade geben. Pfeffern und salzen.

4 Tortellini in ein Sieb gießen, mit kaltem Wasser überbrausen und abtropfen lassen.

5 Tortellini, Tomaten, Mortadella, Mozzarella und Marinade gut vermischen. Abschmecken. Zum Durchziehen kühl stellen. Vor dem Verzehren evtl. erneut mit Zitronensaft, Salz oder Pfeffer abschmecken.
(auf dem Foto)

Tortellini-Sellerie-Salat

1 Grundrezept ohne Mozzarella zubereiten.

2 Geputzten Staudensellerie in feine Scheibchen, Käse in $^1/_2$ cm breite Streifen schneiden und unter den Salat mischen.

Tortellini-Schinken-Salat

1 Tortellini wie im Grundrezept zubereiten, 3 Minuten vor Ende der Garzeit gefrorene Erbsen zugeben, aufkochen und mitgaren.

2 Schinken in dünne, $^1/_2$ cm breite Streifen schneiden. Weiterverarbeitung siehe Grundrezept Schritt 2 bis 5. Dabei Schinken gegen Mortadella austauschen.

Küchentipp

Küchentechnik
Wann kommt das Kochsalz in das Wasser?
Kochwasser für Teigwaren oder Klöße ohne Salz aufkochen. Salz und Teigwaren gleichzeitig zugeben. Wird das Salz von Anfang an zugegeben, verlängert es die Kochzeit.

Party-Liebling

ca. 25 Minuten Zubereitungszeit plus 2 Stunden Durchziehen

Variationen

Immer wieder eine andere Pasta-Sorte
Wechseln Sie mit der Teigwarensorte ab. Ob bunt oder einfarbig, tauschen Sie die Tortellini aus, z. B. gegen:

- Bandnudeln: flache Nudeln in verschiedenen Breiten und Längen
- Fusilli: etwa 3-4 cm lange, spiralförmig gedreht Nudeln
- Spaghetti: dünne Nudeln mit unterschiedlicher Länge
- Makkaroni: lange Hohlnudeln mit ca. 5 mm Durchmesser
- Kleine Hörnchen: gebogene Hohlnudeln
- Farfalle: Schmetterlingsnudeln
- Penne: dicke, ca. 6 cm lange Hohlnudeln mit spitzen Enden

Wenn unvorher-

GRUNDREZEPT
Nudel-Schinken-Gratin

1 Msp. Fett für die Form
125 g Nudeln, *z. B. Penne, Farfalle oder Fusilli*
100 g gekochter Schinken
300 g TK-Erbsen
450 ml Wasser
50 ml Sahne
1 EL Majoran, *getrocknet*
1 Beutel Fix für Nudel-Schinken-Gratin
50 g geriebener Käse
1/2 TL Paprika, *edelsüß*

REZEPTVARIATION
Nudel-Hackfleisch-Gratin

Grundrezept ohne Schinken und Erbsen
plus:
150 g Rinderhackfleisch
1 EL Curry
Pfeffer, Jodsalz
300 g TK-Blattspinat

REZEPTVARIATION
Nudel-Kraut-Gratin

Grundrezept ohne Schinken, Erbsen und Majoran
plus:
1 kleine Dose Sauerkraut *(Abtropfgewicht 285 g)*
1 Knackwurst
1 TL Kümmelkörner

Gratinieren
Gratins sind abwechslungsreiche Gerichte, die in einer flachen, hitzebeständigen Form zubereitet werden. Sie werden bei starker, trockener Hitze im Backofen, unter dem Grill oder mit dem Atmosfera zubereitet. So bekommen sie eine knusprige Kruste mit saftigem Innenleben.

Nudel-Schinken-Gratin

1 Backofen auf 225 °C (Gas: Stufe 4) einschalten. Flache Auflaufform (Ø 24 cm) einfetten. Ungekochte Nudeln einfüllen.

2 Schinken in kleine Würfel schneiden. Schinken und gefrorene Erbsen über die Nudeln verteilen.

3 Wasser, Sahne und Majoran in einen Topf geben. Fix-Produkt einrühren und unter Rühren aufkochen. 1 Minute bei schwacher Hitze kochen. Sauce über die Gratin-Zutaten gießen und gut umrühren.

4 Käse und Paprika vermischen und über das Gratin streuen. 30 bis 35 Minuten im vorgeheizten Backofen goldgelb gratinieren. Weitere 10 Minuten im ausgeschalteten Backofen stehen lassen.
(auf dem Foto)

Küchentipp

Hackfleisch anbraten
In einer aufgeheizten Pfanne, die zum fettarmen Garen geeignet ist, lässt sich Hackfleisch mühelos ohne zusätzliche Fettzugabe anbraten.

Nudel-Hackfleisch-Gratin

1 Hackfleisch in eine aufgeheizte Pfanne einbröseln und anbraten. Mit Curry, Pfeffer und Salz würzen. Angetauten Blattspinat in grobe Stücke geschnitten untermischen.

2 Weiterverarbeitung siehe Grundrezept Schritt 1. Hackfleisch zu den Nudeln geben.

3 Weiterverarbeitung siehe Grundrezept Schritt 3 und 4.

Nudel-Kraut-Gratin

1 Sauerkraut etwas klein, Wurst in halbe, dünne Scheiben schneiden.

2 Weiterverarbeitung siehe Grundrezept Schritt 1. Sauerkraut, Kümmel und Wurst zu den Nudeln geben.

3 Weiterverarbeitung siehe Grundrezept Schritt 3 und 4.

ca. 55 Minuten Zubereitungszeit, davon ca. 45 Minuten zum Gratinieren

Küchentipp

Zum Gratinieren eignet sich nur Käse mit mindestens 45% F.i.Tr. Niederprozentiger Käse wird beim Gratinieren hart und zäh.

Küchentipp

Spinat im Mikrowellengerät auftauen
300 g gefrorenen Spinat in einer mikrowellengeeigneten Form 4 Minuten bei 600 Watt auftauen. Nach 2 Minuten etwas auseinander lösen.

Zum Mitnehmen

Für 4 Personen

Desserts –

GRUNDREZEPT
Zitronencreme mit Beeren

½ Päckchen Vanillepuddingpulver *(20 g = ca. 2 gestr. EL)*
250 ml Milch *(¼ l)*
1 ½ gestrichene EL Zucker
1 Zitrone, *unbehandelt*
200 g Jogurt
300 g frische Beeren nach Wahl *(frisch oder TK), z. B. Erdbeeren, Himbeeren oder Weintrauben*
100 g Sahne

REZEPTVARIATION
Dessert alla Tiramisu

Grundrezept ohne Sahne und Beeren
plus:
200 g Mascarpone *(ersatzweise Sahnequark)*
150 ml Espresso *(ersatzweise starker Kaffee)*
2 EL Amaretto oder Cognac
150 g Löffelbiskuits
Kakao zum Bestreuen

Zitronencreme mit Beeren

1 Puddingpulver in 4 EL kalter Milch glatt verrühren. Restliche Milch und Zucker aufkochen. Angerührtes Puddingpulver unter Rühren zugeben, Pudding zum Kochen bringen und 1 Minute kochen. Erkalten lassen.

2 Zitrone waschen, mit Küchenpapier trocknen. Schale abreiben. Saft auspressen. Pudding mit den Schneebesen des Handrührgerätes durchrühren. Zitronenschale, 3 Esslöffel Zitronensaft und Jogurt unterrühren.

3 Beeren vorbereiten. Erdbeeren vierteln.

4 Sahne steif schlagen, unter die Creme heben.

5 Zitronencreme und Beeren abwechselnd in Gläser einfüllen. Mit Beeren abschließen.
(auf dem Foto oben)

Verfeinern

Creme mit 1 EL Cassislikör oder Eierlikör abschmecken.

Dessert alla Tiramisu

1 Schritt 1 und 2 vom Grundrezept zubereiten. Zusätzlich Mascarpone unterrühren.

2 Espresso zubereiten. Amaretto dazugeben und die Löffelbiskuits damit beträufeln.

3 Die Hälfte der Löffelbiskuits nebeneinander in eine Dessertschale (12 x 20 cm) einfüllen. Darauf die Hälfte der Creme verteilen. Vorgang wiederholen. Mit Kakao bestäuben.

4 Zugedeckt 3 bis 4 Stunden kühl gestellt durchziehen lassen.
(auf dem Foto unten)

Verfeinern

Tiramisu mit Früchten einschichten, z. B. abgetropfte eingemachte Kirschen, Aprikosen oder gedünstete Apfelspalten.

Küchentipp

Zitronenschale abreiben
Zuerst ein Stück Pergamentpapier um die Reibe wickeln und andrücken. Zitrone rundherum abreiben. Papier vorsichtig lösen und die Schale mit einem Messer von dem Papier abstreifen.

süß und verführerisch

Küchentipp

Pudding ohne Haut
Haut läßt sich vermeiden, wenn der Pudding vor dem Abkühlen mit Folie abgedeckt wird.

Küchentipp

Pudding im Mikrowellengerät
Milch, Puddingpulver und Zucker in einer hohen Glaskanne glatt verrühren.
3 Minuten bei 600 Watt erhitzen. Umrühren. 2 weitere Minuten erhitzen. Nach 1 Minute erneut umrühren.

ca. 15 Minuten Zubereitungszeit plus 1 Stunde zum Abkühlen

Zum Mitnehmen

Für 4 Personen

Obstsalat –

GRUNDREZEPT
Obstsalat

100 ml Orangensaft, *frisch gepreßt (1–2 Stück)*
Früchte der Jahreszeit entsprechend auswählen, *z. B.*
1 mittelgr. Apfel *(150 g)*
1 großer Pfirsich *(200 g)*
oder Orange
1 große Banane *(120 g)*
200 g Beeren nach Wahl *(frisch oder TK)*
200 g grüne oder blaue Weintrauben
evtl. etwas Zitronensaft

REZEPTVARIATION
Obstsalat auf Ananas

Grundrezept ohne Pfirsich und Weintrauben
plus:
1 Ananas

REZEPTVARIATION
Obstsalat in Melone

Grundrezept ohne Pfirsich und Weintrauben
plus:
1 Honigmelone

Küchentipp

Dekorative Melonenkugeln
Melone halbieren, Kerne entfernen. Fruchtfleisch mit einem Kugelausstecher herauslösen.

Obstsalat

1 Orangen auspressen und Saft in eine Schüssel geben.

2 Früchte waschen. Schälen oder von den Stielen befreien. Apfel vom Kerngehäuse befreien. Pfirsich halbieren und den Kern etfernen. Apfel, Pfirsich und Banane in dünne Scheiben oder Stücke schneiden. Sofort unter den Saft mischen, damit sie sich nicht verfärben. Beeren und Weintrauben untermischen. Obstsalat evtl. mit etwas Zitronensaft abschmecken.

3 Zugedeckt kühlstellen und 2 bis 3 Stunden durchziehen lassen.

Verfeinern

Weintrauben halbieren und entkernen.

Obstsalat auf Ananas

1 Bei der Ananas Ansatz der Blattkrone und Unterseite so weit abschneiden, daß das Fruchtfleisch sichtbar ist (1). Ananas aufrecht stellen und die Schale von oben nach unten großzügig abschneiden (2). Mit einem spitzen, kleinen Obstmesser die Reste der braunen Punkte entfernen.

2 Ananas in 1 cm dicke Scheiben schneiden. Den Strunk in der Mitte als runden Knopf herausschneiden (3)

3 Obstsalat wie im Grundrezept Schritt 1 bis 3 mit 2 Scheiben Ananas anstatt mit Pfirsich und Weintrauben zubereiten.

4 Restliche Ananasscheiben auf 4 Teller verteilen. In 1 cm breite Stücke schneiden und zum Tellerrand hin auseinander ziehen. Salat in der Mitte anrichten.

Obstsalat in Melone

1 Deckel von der Melone abschneiden. Kerne entfernen. Fruchtfleisch herauslösen.

2 Melonenschale an der Unterseite etwas abflachen, damit sie nach dem Einfüllen einen festen Stand hat.

3 Obstsalat wie im Grundrezept Schritt 1 bis 3 mit Melone anstatt mit Pfirsich und Weintrauben zubereiten.

fruchtiger **G***enuss*

ca. 20 Minuten Zubereitungszeit plus 2 Stunden Durchziehen

1

2

3

4 Salat in der Melone anrichten.
(auf dem Foto oben)

Variationen

Obstsalat in einer ausgehöhlten Ananas oder in 4 Grapefruit- oder Orangenschalen anrichten.

Verfeinern

Obstsalat verfeinern mit:
- gerösteten Nüssen oder Mandeln
- Likör oder Cognac
- gerösteten Sonnenblumenkernen
- Kokosraspeln

anrichten mit:
- Schlagsahne
- Eierlikör
- Mandelsauce
- Beerenmus
- Eiskugeln
- kleinen Mandelmakronen
- Puddingschichten
- Cremeschichten

Vorschlag für

Tag	Frühstück	Zwischenmahlzeit
Montag	Käsebrot Nektarine	1 Glas Orangensaft
Dienstag	Knusperflockenmüsli	Tomatensaft Butterbrot
Mittwoch	Bananen-Schinken-Brot	Mango-Ananas-Drink
Donnerstag	Früchteteller mit Nussflocken	Käsebrot
Freitag	Camembertbrötchen Apfel	Orange
Samstag	Wurstbrot	Banane
Sonntag	2 Vollkornbrötchen, 1 Ei Wurst oder Käse	1 Glas Orangensaft oder Multivitaminsaft

Tipp

Vergessen Sie nicht, täglich 2 1/2 Liter zu trinken. Möglichst zucker- und alkoholfreie Getränke, z. B. Früchte- oder Kräutertees, Mineralwasser, Fruchtsaft mit Mineralwasser oder Tee vermischt oder 2 bis 3 Tassen Kaffee. Auch fettarme Milchgetränke, z.B. Magermilch, Buttermilch (sie sind v. a. für die Kalzium-Versorgung wichtig).

einen **W***ochenplan*

Mittagessen (kalt)	Zwischenmahlzeit	Abendessen (warm)
Gemüsepfanne mit Brot Milchreis mit Äpfeln	1 Banane	Tagliatelle mit Zitronensauce Salat
Sandwiches mit Thunfisch Pudding	Weintrauben	Hackfleischbällchen, Broccoli, Kartoffelpüree
Hamburger-Vollkornbrot Tomate	Apfelsaftschorle	Gefüllte Kartoffel mit Spinat Salat
Tortellini-Schinken-Salat 1 Banane	1 Becher Jogurt	Gemüsecouscous
Sandwich mit Thunfisch Zitronencreme mit Beeren	1 Glas Milch	Fischfilet auf Gemüse Reis
Baguette „Griechische Art"	Jogurt mit Früchten	Puten-Gemüse-Pfanne Reis
Steaks mit Kartoffel-Gemüse- Kruste, Blattsalat, Tiramisu	Mango	Paprikasalat mit Ziegenkäse Brot

Tipp

Natürlich können Sie auch mittags warm essen, falls Sie das möchten und die Gelegenheit dazu haben. Tauschen Sie einfach das (kalte) Mittagessen gegen das (warme) Abendessen aus, wenn Sie mittags warm essen wollen.

Einkaufstipp

Mit einem Wochenplan können Sie eine Einkaufsliste für die ganze Woche erstellen.

Rezeptverzeichnis

Stichwortregister